漢書

漢蘭臺令史 班固 撰
唐祕書少監 顏師古 注

第二册
卷一三至卷一六(表一)

中華書局

漢書卷十三

異姓諸侯王表第一

昔詩書述虞夏之際，舜禹受禪，〔一〕積德累功，洽於百姓，攝位行政，考之于天，〔二〕經數十年，然後在位。殷周之王，乃繇卨稷，〔三〕修仁行義，歷十餘世，至于湯武，然後放殺。〔四〕秦起襄公，章文、繆、獻、〔五〕孝、昭、嚴，稍蠶食六國，〔六〕百有餘載，至始皇，乃并天下。以德若彼，用力如此其（艱）〔囏〕難也。〔七〕

〔一〕師古曰：「古禪字，音上扇反。」

〔二〕師古曰：「謂在璿璣玉衡以齊七政。考之于天，知已合天心不也。」

〔三〕師古曰：「繇讀與由同。」

〔四〕師古曰：「殺讀曰弒。它皆類此。」

〔五〕師古曰：「言秦之初大，起於襄公始爲諸侯，至文公、繆公、獻公，更爲章著也。襄公，莊公之子；文公，襄公之子也。繆公，德公之少子；獻公，靈公之子也。」

〔六〕師古曰：「孝謂孝公也，即獻公之子。昭謂昭襄王，即惠王之子，武王之弟也。嚴謂莊襄王，即昭襄王之孫，孝文王之子也。後漢時避明帝諱，以莊爲嚴，故漢書姓及謚本作莊者皆易爲嚴也。它皆類此。蠶食，謂漸吞滅之，如蠶食葉也。」

〔七〕師古曰：「囏，古艱字也。」

秦既稱帝，患周之敗，以爲起於處士橫議，諸侯力爭，四夷交侵，以弱見奪。〔一〕於是削去五等，〔二〕墮城銷刃，〔三〕箝語燒書，〔四〕內鋤雄俊，外攘胡粵，〔五〕用壹威權，爲萬世安。〔六〕然十餘年間，猛敵橫發乎不虞，〔七〕適戍彊於五伯，〔八〕閭閻偪於戎狄，〔九〕響應瘠於謗議，〔一〇〕奮臂威於甲兵。鄉秦之禁，適所以資豪桀而速自斃也。〔一一〕是以漢亡尺土之階，繇一劍之任，五載而成帝業。〔一二〕書傳所記，未嘗有焉。何則？古世相革，皆承聖王之烈，〔一三〕今漢獨收孤秦之弊。鐫金石者難爲功，摧枯朽者易爲力，〔一四〕其勢然也。故據漢受命，譜十八王，月而列之，天下一統，乃以年數。〔一五〕訖于孝文，異姓盡矣。

〔一〕服虔曰：「言因橫議而敗也。」應劭曰：「孟軻云『聖王不作，諸侯恣行，處士橫議』。」師古曰：「處士謂不官於朝而居家者也。橫音（朝）〔胡〕孟反。次下『橫發』，其音亦同也。」

〔二〕應劭曰：「周制，公、侯、伯、子、男五等爵。」

〔三〕應劭曰：「壞其堅城，恐復阻以害己也。聚天下之兵，鑄以爲銅人十二，不欲令民復逆命也。古者以銅爲兵。」師古曰：「墮音火規反。」

〔四〕應劭曰：「禁民聚語，畏其謗己。箝，緘也。箝與鉗同。」晉灼曰：「許慎云『箝，籋也』。」師古曰：「晉說是也。謂箝籋其口，不聽妄言也，卽所謂禁耦語者也。箝音(某)〔其〕占反。籋音躡。」

〔五〕師古曰：「攘，卻也。粤，古越字。」

〔六〕師古曰：「令威權壹歸於己。」

〔七〕師古曰：「虞，度也。意所不度，謂之不虞。」

〔八〕師古曰：「適讀曰謫。謫戍，謂陳勝、吳廣也。伯讀曰霸。五霸謂昆吾、大彭、豕韋、齊桓、晉文也。謫音陟厄反。」

〔九〕應劭曰：「周禮二十五家爲閭。閻音簷，門閭外旋下廕，謂之步簷也。閭閻民陳勝之屬，言其逼秦甚於戎狄也。」師古曰：「閭，里門也。閻，里中門也。陳勝、吳廣本起閭左之戍，故總言閭閻，應說非也。閭左解在陳勝傳。偪音逼。」

〔一〇〕服虔曰：「癠音慘。」應劭曰：「秦法，誹謗者族。今陳勝奮臂大呼，天下莫不嚮應，嚮應之害更癠烈於所誹謗也。」師古曰：「嚮音響。嚮應者，如響之應聲。癠，痛也。服音是也。」

〔一一〕師古曰：「鄉讀曰嚮，謂曩時也。秦禁，謂墮城銷刃、箝語燒書之屬是也。」

〔一二〕師古曰：「繇讀與由同。任，用也，事也。」

〔一三〕師古曰：「革，變也。烈謂餘烈也。」

〔一四〕師古曰：「鐫，琢石也，音子全反。」

〔一五〕應劭曰：「譜音補。項羽爲西楚霸王，爲天下主，命立十八王，王高祖於蜀漢。漢元年，諸王畢封各就國，始受命之元，故以冠表焉。」張晏曰：「時天下未定，參錯變易，不可以年紀，故列其月，五年誅籍，乃以年紀焉。」

漢		元年一月應劭曰：「諸王始受封之月也。十八王同時稱一月。趙歇起已二十七月，徙爲代王。皆以月數旁行題都上云。」
楚		西楚霸王項籍始，爲天下主，命立十八王。
	分爲衡山	王吳芮始，故番君。師古曰：「番音蒲河反。」
	分爲臨江	王共敖始，故楚柱國。師古曰：「共讀曰恭。」
	分爲九江	王英布始，故楚將。
趙	常山	王張耳始，故趙將。
	分爲代	廿七王趙歇始，故趙王。
齊	臨淄	王田都始，故齊將。
	分爲濟北	王田安始，故齊將。
	分爲膠東	二十王田市始，故齊（將）〔王〕。
雍	分關中	王章邯始，故秦將。
塞	分關中	王司馬欣始，故秦長史。
翟	分關中	王董翳始，故秦都尉。
燕		王臧荼始，故燕將。師古曰：「荼音大胡反。」
	分爲遼東	三十王韓廣始，故燕王。
魏		十九王魏豹始，故魏王。
	分爲殷	王司馬卬始，故趙將。
韓		廿二王韓成始，故韓王。
	分爲河南	王申陽始，故楚將。

二月	三月	四月	五月
二 都彭城。	〔三〕	〔四〕	〔五〕
二 都郴。	〔三〕	〔四〕	〔五〕
二 都江陵。	〔三〕	〔四〕	〔五〕
二 都六。	〔三〕	〔四〕	〔五〕
二 都襄國。	〔三〕	〔四〕	〔五〕
廿八 都代。	〔廿九〕	〔三十〕	〔卅一〕
二 都臨淄。	〔三〕	四 田榮擊都，降楚。	五 王田榮始，故齊相。
二 都博陽。	〔三〕	〔四〕	〔五〕
廿一 都即墨。	廿二	廿三	廿四 田榮擊殺市。屬齊。
二 都廢丘。	〔三〕	〔四〕	〔五〕
二 都櫟陽。	〔三〕	〔四〕	〔五〕
二 都高奴。	〔三〕	〔四〕	〔五〕
二 都薊。	〔三〕	〔四〕	〔五〕
（廿）〔卅〕一 都無終。	卅二	卅三	卅四
二十 都平陽。	廿一	（卅）〔廿〕二	廿三
二 都朝歌。	三	四	五
廿三 都陽翟。	〔廿四〕	〔廿五〕	〔廿六〕
二 都雒陽。	〔三〕	〔四〕	〔五〕

六月	七月	八月
六	七	八
六	七	八
六	七	八
六	七	八
六	七	八
卅二	卅三	卅四
二	三	四
六 田榮擊殺安。屬齊。		
六	〔七〕邯守廢丘，漢圍之。	八
六	七 欣降漢。	屬漢，爲渭南、河上郡。
六	七 翳降漢。	屬漢，爲上郡。
六	〔七〕	〔八〕
卅五	卅六 臧荼擊殺廣。屬燕。	
〔卅〕〔廿〕四	廿五	廿六
六	七	八
廿七 項籍誅成。	王鄭昌始，項王立之。	二
六	七	八

九月	十月	十一月
九	十	十一
九	十	十一
九	十	十一
九	十	十一
九 耳降漢。	代王歇還王趙。	卅七
卅五 歇復趙王。	歇以陳餘爲代王，號（安成）〔成安〕君。	二
五	六	七
九	十 漢拔我隴西。	十一
九	十	十一
廿七	廿八	廿九
九	十	十一
三	王韓信始，漢立之。	二
九 陽降漢。	屬漢，爲河南郡。	

十二月	二年一月	二月
十二	二年一月	二
十二	二年一月	二
十二	十三	十四
十二	二年一月	二
卅八	卅九	四十
三	四	五
項籍擊榮，走平原，民殺之。	二 項籍復立故齊王田假爲王。	田榮弟橫反城
十二 漢拔我北地。	二年一月	二
十二	二年一月	二
卅	卅一	卅二 豹降，
十二	(卅)[十]三	十四 卬降
三	四	五

	三月 項王三萬人破漢兵五十六萬。	四月	五月
	三	四	五
	三	四	五
	十五	十六	十七
	三	四	五
	四十六 一	四十七 二	四十八 三
陽，擊假，假奔楚。殺假。	王廣始，故田榮子，橫立之。	二	三
		（二）	（三）
	三	四	五 漢殺
	三	四	五
爲王。	卅三 從漢伐楚。	卅四 豹歸，畔漢。	卅五
漢。	屬漢，爲河內郡。		
	六 從漢伐楚。	七	八

										邯。屬漢為中地、隴西、北地郡。									
六月	六	六	十八	六	四十四	九	四						六		卅六		九		
七月	七	七	十九	七	四十五	十	五						七		卅七		十		
八月	八	八	廿	八	四十六	十一	六						八		卅八 漢將韓信擊虜豹。		十一		

九月	十月	十一月	十二月	三年一月
九	十	十一	十二	三年一月
九	十	十一	十二	三年一月
廿一	廿二	廿三	〔廿四〕	廿五
九	十	〔十二〕	布降漢。	
四十七	四十八 漢滅歇。			
十二	十（二）〔三〕	屬漢，爲太原郡。		
七	八	九	十	十一
九	十	十一	十二	三年一月
屬漢，爲河東、上黨郡。				
十二	二年一月	二	三	四

二月	三月	四月	五月	六月	七月
二	三	四　（漢圍）〔圍漢〕滎陽。	五	六	七
二	三	四	五	六	七
廿六	廿七	廿八	廿九	卅	卅一
十二	十三	十四	十五	十六	十七
二	三	四	五	六	七
五	六	七	八	九	十

八月	九月	十月	十一月	十二月
八	九	十	十一 漢將韓信擊殺龍且。	十二
八	九	十	十一	十二
子尉嗣爲王。	二	三	四	五
			復趙，王張耳始，漢立之。	二
十八	十九	廿	廿一 漢將韓信擊殺廣。屬漢，爲郡。	
八	九	十	十一	十二
十一	十二	三年一月	二	三

四年一月	二月	三月	四月	五月	六月
四年一月	二	三	四	五	六
四年一月	二	三	四	五	六
六	七	八	九	十	十一
					更爲淮南（王）
三	四	五	六	七	八
齊國。	王韓信始，漢立之。	二	三	四	五
四年一月	二	三	四	五	六
四	五	六	七	八	九

	七月	八月	九月	五年卽皇帝位。
	七	八	九	正月漢誅籍。王韓信始。
	七	八	九	十芮徙長沙。
	十二	十三	十四	十二月漢虜尉。
〔國〕。	王英布始，漢立之。	二	三（月）	二年
	九	十	十一	十二月乙丑，耳薨。
				以太原爲國。
	六	七	八	徙韓信王楚。
	七	八	九反。漢誅荼。	後九月，王盧綰始，故太尉。
			置梁國。	王彭越始。
	十	十一	十二	四年
			初置長沙國。	二月乙未，王吳芮始，六月，

	201	200	199	198
	六年	七年	八年	九年
	十一月 信廢爲侯。			
	三	四	五	六
	一 子敖嗣爲王。	二	三 敖廢爲侯。	
	王韓信始。九月，信反，降匈奴。			
	二	三	四	五
	二	三	四	五
	五 信徙太原。			
薨。	成王臣嗣。	二	三	四

197	196	195	194	193	192
(一)十年	十一年	十二年	孝惠(帝)元年	二年	三年
七	八 布反，誅。				
六	綰反，降匈奴。				
六 越反，誅。					
五	六	七	八	哀王回嗣。	二

191	190	189	188	187
四年	五年	六年	七年	高后元年
			初置魯國。	四月，王張偃始，高后外孫。
			初置淮陽國。	四月辛卯，王強始，高后所詐立孝惠子。
			復置常山國。	四月辛卯，王不疑始，高后所詐
			初置呂國。	四月辛卯，王呂台始，高后兄子。
三	四	五	六	七

	186	185
	二年	三年
	二	三
	二	三
		(二)
立孝惠子。	不疑薨，謚曰哀，無子。十月癸丑，王義始，故襄城侯。	二
		(三)
	台薨，謚曰肅。子嘉嗣爲王。	(二)
	共王若嗣。	二

182	183	184
六年	五年	四年
六	五	四
王武始，故壺關侯。	五 強薨，謚曰懷，無子。	四
三	二	義立爲帝。五月丙辰，王朝始，故軹侯。
	（四）	（三）
嘉坐驕廢。十一月，王	四	三
初置梁國。		
五	四	三

180	181	
八年	七年	
八 偃廢爲侯。	七	
三 武以非子誅。	二	
五 朝以非子誅。	四	
八月，漢大臣共誅祿。	趙王呂祿始，高后兄子。	
	產徙梁。十一月丁巳，王大始，故平昌侯。	呂產始。
七月癸丑，王呂通。八月，漢大臣共誅通。	初置燕國。	
二 漢大臣共誅產。	二月，王呂產始。	
七	六	

179	178	177	176	175	174	173
孝文元年	二年	三年	四年	五年	六年	七年
八	靖王產嗣。	二	三	四	五	六

172	171	170	169	168	167	166
八年	九年	十年	十一年	十二年	十三年	十四年
七	八	九	十	十一	十二	十三

165	164	163	162	161	160	159
十五年	十六年	後元元年	二年	三年	四年	五年
十四	十五	十六	十七	十八	十九	二十

158	157
六年	七年
二十一	二十二 來朝，薨。無子，國除。

校勘記

三六三頁五行　秦起襄公，章文、繆、獻、〔五〕孝、昭、嚴，稍蠶食六國。　注〔五〕在「獻」下，明顏以「章文、繆、獻」斷句。　王念孫說獻公在繆公之後十六世，而與文、繆並數，既爲不倫，且上下句法，亦屬參差。　當斷「章文、繆」爲句，「獻、孝、昭、嚴」爲句。　王先謙說王說是。

三六三頁六行　其（艱）〔囏〕難也。　錢大昭說「艱」當作「囏」。　按景祐、殿、局本都作「囏」。

三六四頁一三行　橫音（朝）〔胡〕孟反。　景祐、汲古、殿、局本都作「胡」。

三六五頁一行　簎音（某）〔其〕占反。　景祐、汲古、局本都作「其」。

三六六頁二欄　十格「故齊將」，錢大昭說當作「齊王」。按景祐、殿本都作「齊王」。

三六七頁一欄　十五格「廿一」，景祐、殿本都作「卅一」。王先謙說作「卅一」是。

三六七頁二欄　二至十八格缺字據殿、局本補。

三六七頁三欄　缺字據殿、局本補，十九格據局本補。十六格「卅二」，景祐本作「廿二」。朱一新說作「廿二」是。

三六七頁四欄　缺字據殿、局本補。

三六八頁一欄　十六格「卅四」，景祐、殿、局本都作「廿四」。朱一新說作「廿四」是。

三六八頁二欄　十一格「七」字據殿本補。十四格「七」字據殿、局本補。十八格八字原在十九格，據景祐、殿、局本移上。

三六八頁三欄　十四格「八」字據殿、局本補。

三六九頁二欄　七格「安成」，王先謙說殿本作「成安」是。

三七〇頁二欄　原分作三欄，據王先謙說併。十七格，殿本作「十三」是。

三七一頁三欄　王先謙說九格「二」字衍。按景祐、汲古本有，殿、局本無。

三七一頁四欄　王先謙說九格「三」字衍。按景祐、汲古本有，殿、局本無。

三七三頁二欄　七格「十二」，景祐、汲古、殿、局本都作「十三」。

三七三頁三欄　五格「十一」據殿、局本補。

三七三頁四欄　四格「廿四」據殿、局本補。
三七三頁五欄　原分作二欄，殿本併爲一欄。王先謙說殿本不誤。
三七四頁三欄　二格「漢圍」，景祐、殿、局本都作「圍漢」。
三七六頁六欄　五格，王先謙說「王」當爲「國」，各本誤。
三七七頁四欄　五格，王先謙說「月」字衍。按景祐本有，殿本無。
三七九頁一欄　一格，王先謙說「一」字衍。按汲古本有，景祐、殿、局本無。
三七九頁四欄　一格，景祐、殿本都無「帝」字。
三八一頁三欄　王先謙說五、七格「二」字衍。按景祐本有，殿、局本無。八格「二」字據景祐、汲古、殿、局本補。
三八二頁一欄　王先謙說七格「三」字衍。按景祐、汲古本有，殿、局本無。
三八二頁二欄　王先謙說七格「四」字衍。按景祐、汲古本有，殿、局本無。
三八二頁三欄　八格十一字原在九格，汲古本同，王先謙說誤。據景祐、殿、局本移上。

漢書卷十四

諸侯王表第二

昔周監於二代，〔一〕三聖制法，〔二〕立爵五等，〔三〕封國八百，同姓五十有餘。周公、康叔建於魯、衞，各數百里；太公於齊，亦五侯九伯之地。〔四〕詩載其制曰：「介人惟藩，大師惟垣。大邦惟屏，大宗惟翰。懷德惟寧，宗子惟城。毋俾城壞，毋獨斯畏。」〔五〕所以親親賢賢，褒表功德，〔六〕關諸盛衰，深根固本，爲不可拔者也。故盛則周、邵相其治，致刑錯；衰則五伯扶其弱，與共守。〔七〕自幽、平之後，日以陵夷，〔八〕至虖阸陿河洛之間，〔九〕分爲二周，〔一〇〕有逃責之臺，被竊鈇之言。〔一一〕然天下謂之共主，〔一二〕彊大弗之敢傾。〔一三〕歷載八百餘年，數極德盡，既於王赧，〔一四〕降爲庶人，用天年終。號位已絕於天下，尚猶枝葉相持，莫得居其虛位，海內無主，三十餘年。〔一五〕

〔一〕師古曰：「監，視也。二代，夏、殷也。」

〔二〕師古曰：「三聖謂文王、武王及周公也。」

〔三〕師古曰：「公、侯、伯、子、男。」

〔四〕臣瓚曰：「禮記王制云：『五國以爲屬，屬有長；二百一十國以爲州，州有伯。』」師古曰：「五侯，五等諸侯也。九伯，九州之伯也。伯，長也。」

〔五〕師古曰：「大雅板之詩也。介，善也。藩，籬也。屏，蔽也。垣，牆也。翰，幹也。懷，和也。俾，使也。以善人爲之藩籬，謂封周公、康叔於魯、衞；以大師爲垣牆，謂封太公於齊也。大邦以爲屏蔽，謂成國諸侯也；大宗以爲楨幹，謂王之同姓也。能和其德則天下安寧，分建宗子則列城堅固。城不可使墮壞，宗不可使單獨。單獨墮壞，則畏懼斯至。」

〔六〕師古曰：「親賢俱封，功德並建。」

〔七〕師古曰：「伯讀曰霸。此五霸謂齊桓、宋襄、晉文、秦穆、吳夫差也。」

〔八〕師古曰：「陵夷，言如山陵之漸平。夷謂頹替也。」

〔九〕應劭曰：「阸者，狹也。嶇者，踦嶇也。西迫强秦，東有韓魏，數見侵暴，踦嶇不安也。」師古曰：「阸音於懈反。嶇音區。」

〔一〇〕師古曰：「謂東西二周也。」

〔一一〕服虔曰：「周赧王負責，無以歸之，主迫責急，乃逃於此臺，後人因以名之。」劉德曰：「洛陽南宮諺臺是也。」應劭曰：「竊鈇，謂出至路邊竊取人鈇也。」師古曰：「應說非也。鈇鉞，王者以爲威，用斬戮也。言周室衰微，政令不行於天下，雖有鈇鉞，無所用之，是謂私竊隱藏之耳。被音皮義反。鈇音膚。諺音移，又音直移反。」

〔一二〕如淳曰：「雖至微弱，猶共以爲之主。」

〔一三〕師古曰：「言諸侯雖彊大者，不敢傾滅周也。」

〔一四〕師古曰：「既亦盡也。赧，謚也，一曰名也，音女版反。」

〔一五〕師古曰：「秦昭襄王五十二年周初亡，五十六年昭襄王卒，孝文王立一年而卒，莊襄王立四年而卒，子政立二十六年而乃幷天下，自號始皇帝。是爲三十五年無主也。」

秦據勢勝之地，騁狙詐之兵，〔一〕蠶食山東，壹切取勝。〔二〕因矜其所習，自任私知，姍笑三代，盪滅古法，〔三〕竊自號爲皇帝，而子弟爲匹夫，內亡骨肉本根之輔，外亡尺土藩翼之衞。陳、吳奮其白挺，〔四〕劉、項隨而斃之。故曰，周過其曆，秦不及期，國勢然也。〔五〕

〔一〕應劭曰：「狙，伺也，因（閒）〔間〕伺隙出兵也。狙音若蛆反。」師古曰：「音千絮反。」

〔二〕師古曰：「蠶食，解在異姓諸侯王表。壹切，解在平紀也。」

〔三〕師古曰：「姍，古訕字也。訕，謗也，音所諫反，又音删。」

〔四〕應劭曰：「白挺，大杖也。孟子書曰『可使制挺以撻秦楚』是也。」師古曰：「挺音徒鼎反。」

〔五〕應劭曰：「武王克商，卜世三十，卜年七百，今乃三十六世，八百六十七歲，此謂過其曆者也。秦以謚法少，恐後世相襲，自稱始皇，子曰二世，欲以一迄萬，今至子而亡，此之爲不及期也。」

漢興之初，海內新定，同姓寡少，懲戒亡秦孤立之敗，於是剖裂疆土，立二等之爵。〔一〕功臣侯者百有餘邑，尊王子弟，大啓九國。〔二〕自鴈門以東，盡遼陽，爲燕、代。〔三〕常山以南，太行左轉，度河、濟，漸于海，爲齊、趙。〔四〕穀、泗以往，奄有龜、蒙，爲梁、楚。〔五〕東帶江、湖，薄會稽，爲荆吳。〔六〕北界淮瀕，略廬、衡，爲淮南。〔七〕波漢之陽，亙九嶷，爲長沙。〔八〕諸侯（北）〔比〕境，周（市）〔帀〕三垂，外接胡越。〔九〕天子自有三河、東郡、潁川、南陽，〔一〇〕自江陵以西至巴蜀，北自雲中至隴西，與京師內史凡十五郡，公主、列侯頗邑其中。〔一一〕而藩國大者夸州兼郡，連城數十，〔一二〕宮室百官同制京師，可謂撟枉過其正矣。〔一三〕雖然，高祖創業，日不暇給，孝惠享國又淺，高后女主攝位，而海內晏如，〔一四〕亡狂狡之憂，卒折諸呂之難，成太宗之業者，亦賴之於諸侯也。

〔一〕（項羽）〔韋昭〕曰：「漢封功臣，大者王，小者侯也。」

〔二〕師古曰：「九國之數在下也。」

〔三〕師古曰：「遼陽，遼水之陽也。」

〔四〕師古曰：「太行，山名也。左轉，亦謂自太行而東也。漸，入也，一曰浸也。行音胡剛反。漸音子廉反，亦讀如本字。」

〔五〕晉灼曰：「水經云泗水出魯（下）〔卞〕縣。」臣瓚曰：「穀在彭城，泗之下流爲穀水。」師古曰：「奄，覆也。龜、蒙，二山名。」

〔六〕文穎曰：「即今吳也。高帝六年爲荆國，十年更名吳。」師古曰：「荆吳，同是一國也。」

〔七〕師古曰：「瀕，水涯也，音頻，又音賓。廬、衡，二山名也。」

〔八〕鄭氏曰：「波音陂澤之陂。」孟康曰：「亙，竟也，音古贈反。」師古曰：「波漢之陽者，循漢水而往也。水北曰陽。（陂）

〔波〕音彼皮反，又音彼義反。九嶷，山名，有九峯，在零陵營道。嶷音疑。」

〔九〕師古曰：「比謂相接次也。三垂，謂北東南也。比音頻寐反。」

〔一〇〕師古曰：「三河，河東、河南、河內也。」

〔一一〕師古曰：「十五郡中又往往有列侯、公主之邑。」

〔一二〕師古曰：「夸音跨。」

〔一三〕師古曰：「撟與矯同。枉，曲也。正曲曰矯。言矯秦孤立之敗而大封子弟，過於强盛，有失中也。」

〔一四〕師古曰：「晏如，安然也。」

然諸侯原本以大，末流濫以致溢，小者淫荒越法，大者睽孤橫逆，以害身喪國。〔一〕故文帝采賈生之議分齊、趙，景帝用鼂錯之計削吳、楚。武帝施主父之册，下推恩之令，使諸侯王得分戶邑以封子弟，不行黜陟，而藩國自析。自此以來，齊分爲七，〔二〕趙分爲六，〔三〕梁分爲五，〔四〕淮南分爲三。〔五〕皇子始立者，大國不過十餘城。長沙、燕、代雖有舊名，皆亡南北邊矣。〔六〕景遭七國之難，抑損諸侯，減黜其官。〔七〕武有衡山、淮南之謀，作左官之律，〔八〕設附益之法，〔九〕諸侯惟得衣食稅租，不與政事。〔一〇〕

〔一〕師古曰：「易睽卦九四爻辭曰『睽孤，見豕負塗』。睽孤，乖剌之意。睽音工攜反。」

〔二〕師古曰：「謂齊、城陽、濟北、濟南、菑川、膠西、膠東也。」

〔三〕師古曰：「謂趙、平原、眞定、中山、廣川、河閒也。」

〔四〕師古曰：「謂梁、濟川、濟東、山陽、濟陰也。」

〔五〕師古曰：「謂淮南、衡山、廬江。」

〔六〕如淳曰：「長沙之南更置郡，燕、代以北更置緣邊郡。其所有饒利、兵馬、器械，三國皆失之矣。」

〔七〕師古曰：「謂改丞相曰相，省御史大夫、廷尉、少府、宗正、博士，損大夫、謁者諸官長丞員等也。」

〔八〕服虔曰：「仕於諸侯爲左官，絶不得使仕於王侯也。」應劭曰：「人道上右，今舍天子而仕諸侯，故謂之左官也。」師古曰：「左官猶言左道也。皆僻左不正，應説是也。漢時依上古法，朝廷之列以右爲尊，故謂降秩爲左遷，仕諸侯爲左官也。」

〔九〕張晏曰：「律鄭氏説，封諸侯過限曰附益。或曰阿媚王侯，有重法也。」師古曰：「附益者，蓋取孔子云『求也爲之聚斂而附益之』之義也，皆背正法而厚於私家也。」

〔10〕師古曰：「與讀曰豫。」

至於哀、平之際，皆繼體苗裔，親屬疏遠，〔一〕生於帷牆之中，不爲士民所尊，勢與富室亡異。而本朝短世，國統三絶，〔二〕是故王莽知漢中外殫微，本末俱弱，〔三〕亡所忌憚，生其姦心；因母后之權，假伊周之稱，顓作威福廟堂之上，不降階序而運天下。〔四〕詐謀既成，遂據南面之尊，分遣五威之吏，馳傳天下，班行符命。漢諸侯王厥角稽首，〔五〕奉上璽韍，惟恐在後，〔六〕或乃稱美頌德，以求容媚，豈不哀哉！是以究其終始彊弱之變，明監戒焉。

〔一〕師古曰：「言非始封之君，皆其後裔也，故於天子益疏遠矣。」

〔二〕師古曰：「謂成、哀、平皆早崩，又無繼嗣。」

〔三〕師古曰：「殫，盡也，音單。」

〔四〕師古曰：「序謂東西廂。顓與專同。」

〔五〕應劭曰：「厥者，頓也。角者，領角也。稽首，首至地也。言王莽漸漬威福日久，亦值漢之單弱，王侯見莽篡弒，莫敢怨望，皆頓角稽首至地而上其璽綬也。」晉灼曰：「厥猶豎也，叩頭則額角豎。」師古曰：「應說是也。䭫音口禮反，與稽同。」

〔六〕師古曰：「韍音弗，璽之組也。」

號謚	屬	始封	子	孫	曾孫	玄孫	六世	七世 張晏曰：「禮，服盡於玄孫，故以世數名也。」
楚元王交	高帝弟。師古曰：「楚元王，帝弟，而表居代王前者，以封日先後爲次。」	六年正月丙午立，二十三年薨。	孝文二年，夷王郢客嗣，四年薨。	六年，王戊嗣，二十一年，孝景三年，反，誅。				

	也。」						
			孝景四年，文王禮以元王子平陸侯紹封，三年薨。	七年，安王道嗣，二十二年薨。	元朔元年，襄王注嗣，十二年薨。	元鼎元年，節王純嗣，十六年薨。	天漢元年，王延壽嗣，三十二年，地節元年，謀反，誅。
代王喜	高帝兄。	正月壬子立，七年，爲匈奴所攻，棄國自歸，廢爲郃陽侯，孝惠二年薨。	吳 高祖十二年十月辛丑，王濞以故代王子沛侯立，四十二年，孝景三年，反，誅。				
齊悼惠王肥	高帝子。	正月壬子立，十三年薨。	孝惠七年，哀王襄嗣，十二年薨。	孝文二年，文王則嗣，十四年薨，亡後。			
			孝文十六年，孝	孝景四年，懿王	元光四年，厲		

王將閭以悼惠王子楊虛侯紹封，十一年薨。

壽嗣，二十三年薨。

王次昌嗣，五年薨，亡後。

城陽

孝文二年二月乙卯，景王章以悼惠王子朱虛侯立，二年薨。

四年，共王喜嗣，八年，徙淮南，四年，復還，凡三十三年薨。

孝景後元年，頃王延嗣，二十六年薨。

元狩六年，敬王義嗣，九年薨。

元封三年，惠王武　嗣，十(二)〔一〕年薨。

天漢四年，荒王順嗣，四十六年薨。

八世

甘露三年，戴王恢嗣，八年薨。

九世

永光元年，孝王景嗣，二十四年薨。

十世

鴻嘉二年，哀王雲嗣，一年薨，亡後。(元)〔永〕始元年，王俚以雲弟紹封，二十五年，王莽篡位，貶爲公，明年

	濟北	菑川	
	二月乙卯，王興居以悼惠王子東牟侯立，二年，謀反，誅。	十六年四月丙寅，懿王志以悼惠王子安都侯立，爲濟北王，十一年，孝景四年，徙菑川，三十五年薨。	八世 元延四年，懷王
		元光六年，靖王建嗣，二十年薨。	九世 建平四年，王永
廢。		元封二年，頃王遺嗣，三十五年薨。	
		元平元年，思王終古嗣，二十八年薨。	
		初元三年，考王尚嗣，六年薨。	
		永光四年，孝王橫嗣，三十一年薨。	

友嗣，六年薨。	濟南 四月丙寅，王辟光以悼惠王子扐侯立，十一年反，誅。師古曰：「扐音力。」	菑川 四月丙寅，王賢以悼惠王子武城侯立，十一年反，誅。
嗣，十二年，王莽篡位，貶爲公，明年廢。		

		荆王賈
		高帝從父弟。
		六年正月丙午立，六年十二月，爲英布所攻，亡後。
膠西 四月丙寅，王卬以悼惠王子平昌侯立，十一年反，誅。	膠東 四月丙寅，王熊渠以悼惠王子白石侯立，十一年反，誅。	

淮南厲王長		
高帝子。		
十一年十月庚午立，二十三年，孝文六年，謀反，廢徙蜀，死雍。		
十六年四月丙寅，王安以厲王子阜陵侯紹封，四十〔二〕〔三〕年，元狩元年，謀反，自殺。	衡山 四月丙寅，王賜以厲王子陽周侯立爲廬江王，十二年，徙衡山，〔三〕〔四〕十三年，謀反，自殺。	濟北 四月丙寅，王勃
		孝景六年，成王胡嗣，五十四年
		天漢四年，王寬嗣，十一年，

			以厲王子安陽侯立為衡山王，十二年，徙濟北，一年薨，諡曰貞王。	薨。	後二年，謀反，自殺。			
趙隱王如意	高帝子。	九年四月立，十二年，為呂太后所殺，亡後。						
代王	高帝子。	十一年正月丙子立，十七年，高后八年，為皇帝。						
趙共王恢 師古曰：「共讀曰恭。下皆類	高帝子。	十一年三月丙午，為梁王，十六年，高后七年，徙趙，其年自殺，亡						

此。	趙幽王 友		燕靈王 建
	高帝子。		高帝子。
後。	十一年三月丙寅，立爲淮陽王，二年，徙趙，十四年，高后七年，自殺。		十二年二月甲午立，十五年，高后七年，薨。呂太后殺其子。
	孝文元年，王遂以幽王子紹封，二十六年，孝景三年，反，誅。	河間 孝文二年〔二〕〔三〕月乙卯，文王辟彊以幽王子立，十三年薨。	
		十五年，哀王福嗣，一年薨，亡後。	

燕敬王澤	高帝從祖昆弟。	高后七年，以營陵侯立爲琅邪王，二年，孝文元年，徙燕，二年薨。	三年，康王嘉嗣，二十六年薨。	孝景六年，王定國嗣，二十四年，坐禽獸行，自殺。				

右高祖十一人。吳隨父，凡十二人。

師古曰：「吳王濞從其父代王喜在此表中，故十二人也。」

梁懷王揖	文帝子。	二年二月乙卯立，十年薨，亡後。						
梁孝王武	文帝子。	二月乙卯，立爲代王，三年，徙爲淮陽王，十年，徙梁，三十五年薨。	孝景後元年，恭王買嗣，七年薨。	建元五年，平王襄嗣，四十年薨。	太始元年，貞王毋傷嗣，十一年薨。	始元二年，敬王定國嗣，四十年薨。	初元四年，夷王遂嗣，六年薨。	永光五年，荒王嘉嗣，十五年薨。
		八世 陽朔元年，王立						

嗣，二十七年，元始三年，有罪，廢，徙漢中，自殺。元始五年二月丁酉，王晉以孝王玄孫之曾孫紹封，五年，王莽篡位，貶爲公，明年廢。

濟川

孝景中六年五月丙戌，王明以孝王子桓邑侯立，七年，建元三年，坐殺中傅，廢遷房陵。

濟東	五月丙戌，王彭離以孝王子立，二十九年，坐殺人，廢遷上庸。
山陽	五月丙戌，哀王定以孝王子立，九年薨，亡後。
濟陰	五月丙戌，哀王不識以孝王子立，(七)〔二〕年薨，亡後。

代孝王參	文帝子。	二月乙卯，立爲太原王，(王)三年，更爲代王，七年薨。	孝文後三年，恭王登嗣，二十九年薨。	清河 元光三年，剛王義嗣，十九年，元鼎三年，徙清河，三十八年薨。	太始三年，頃王陽嗣，二十五年薨。	地節元年，王年嗣，四年，坐與同產妹姦，廢遷房陵，與邑百家。	廣宗 元始二年四月丁酉，王如意以孝王玄孫之子紹封，七年，王莽篡位，貶爲公，明年廢。

右孝文三人。齊、城陽、濟北、濟南、菑川、膠西、膠東、趙、河間、淮南、衡山十二人隨父，凡十五人。

河間獻王德	景帝子。	二年三月甲寅立，二十六年薨。	元光六年，共王不周嗣，四年薨。	元朔四年，剛王基嗣，十二年薨。	元鼎四年，頃王緩嗣，十七年薨。	天漢四年，孝王慶嗣，四十(七)〔三〕年薨。	五鳳四年，王元嗣，十七年，建昭元年，坐殺人，廢遷房陵。

							建始元年正月丁亥，惠王良以孝王子紹封，二十七年薨。	建平二年，王尙嗣，十四年，王莽篡位，貶爲公，明年廢。
臨江哀王閼師古曰：「閼音一曷反。」	景帝子。	三月甲寅立，三年薨，亡後。						
魯共王餘	景帝子。	三月甲寅立爲淮陽王，二年，徙魯，二十八年薨。	元朔元年，安王光嗣，四十年薨。	後元元年，孝王慶忌嗣，三十七年薨。	甘露三年，頃王封嗣，二十八年薨。	陽朔二年，文王睃嗣，十九年薨，亡後。晉灼曰：「睃音鐫。」師古曰：「睃音子緣反。」		

	江都易王非 師古曰：「謚法，好更故舊曰易。」
	（高）〔景〕帝子。
	三月甲寅，立爲汝南王，二年，徙江都，二十八年薨。
	元朔二年，王建嗣，六年，元狩二年，謀反，自殺。
	廣世 元始二年四月丁酉，王宮以易王庶孫盱眙侯子紹封，五年，王
建平三年六月辛卯，王閔以頃王子郚鄉侯紹封，十三年，王莽篡位，貶爲公，明年，獻神書言莽德，封列侯，賜姓王。師古曰：「郚音吾，又音魚。」	

	趙敬肅王彭祖		
	景帝子。		
	二月甲寅，立爲廣川王，四年，徙趙，六十三年薨。		
	征和元年，頃王昌嗣，十九年薨。		平干 征和二年，頃王偃以敬肅王小子立，十一年薨。
莽篡位，貶爲公，明年廢。	本始元年，懷王尊嗣，五年薨。	地節四年二月甲子，哀王高以頃王子紹封，四月薨。	元鳳元年，繆王元嗣，二十四年，五鳳二年，坐殺謁者，會薨，不得代。
		元康元年，共王充嗣，五十六年薨。	
		元延三年，王隱〔嗣〕十九年，王莽篡位，貶爲公，明年廢。	

長沙定王發	景帝子。	三月甲寅立，二十八年薨。	元朔二年，戴王庸嗣，二十七年薨。	天漢元年，頃王附朐嗣，十七年薨。晉灼曰：「附音符。」師古曰：「附讀如本字。朐音劬。本傳作鮒鮈，其音同耳。」	始元四年，剌王建德嗣，三十四年薨。	黃龍元年，煬王旦嗣，二年薨，亡後。			
							初元四年，孝王宗以剌王子紹封，三年薨。	永光二年，繆王魯人嗣，四十八年薨。	居攝二年，舜嗣，二年，王莽篡位，貶爲公，明年廢。
膠西于王端	景帝子。	三年六月乙巳立，四十七年，元封三年薨，亡後。							

中山	廣平	膠東
中山靖王勝		膠東王
景帝子。		景帝子。
六月乙巳立，四十二年薨。		四年四月乙巳立，四年爲皇太
元鼎五年，哀王昌嗣，二年薨。		
元封元年，穅王昆侈嗣，二十一年薨。師古曰：「穅音與康同。穅，惡謚也。好樂怠政曰穅。它皆類此。」		
征和四年，頃王輔嗣，三年薨。		
始元元年，憲王福嗣，十七年薨。		
地節元年，懷王脩嗣，十五年薨，亡後。		
廣德 鴻嘉二年八月，夷王雲客以懷王從父弟子紹封，一年薨，亡後。	廣平 建平三年正月壬寅，王漢以夷王弟紹封，十三年，王莽篡位，貶爲公，明年廢。	

	臨江愍王榮	廣川惠王越	
	景帝子。	景帝子。	
子。	七年十一月己酉，以故皇太子立，三年，坐侵廟壖地爲宮，自殺。	中二年四月乙巳立，十二年薨。	
		建元五年，繆王齊嗣，四十五年薨。	
		征和二年，王去嗣，二十二年，本始四年，坐亨姬不道，廢徙上庸，予邑百戶。師古曰：「忿怒其姬，亨煮而殺。」	地節四年五月庚午，戴王文以繆王子紹封，二
			元康二年，王汝陽嗣，十五年，甘露四年，

		膠東康王寄		
		景帝子。		
		四月乙巳立，二十八年薨。		
		元狩三年，哀王賢嗣，十四年薨。	六安	元狩二年七月
年薨。		元封五年，戴王通平嗣，二十四年薨。	始元四年，夷王	祿嗣，十(四)年
殺人，廢徙房陵。	廣德 元始二年四月丁酉，靜王楡以惠王曾孫戴王子紹封，四年薨。	始元五年，頃王音嗣，五十四年薨。	本始元年，繆	王定嗣，二十
	居攝元年，王赤嗣，三年，王莽篡位，貶爲公，明年廢。	河平元年，恭王授嗣，十四年薨。	甘露四年，頃	王光嗣，二十
		永始三年，王殷嗣，二十三年，王莽篡位，貶爲公，明年廢。	陽朔二年，王	育嗣，三十三

	清河哀王乘	常山憲王舜	
	景帝子。	景帝子。	
	中三年三月丁酉立，十二年薨，亡後。	中五年三月丁巳立，三十二年薨。	
壬子，恭王慶以康王少子立，三十八年薨。		元鼎三年，王勃嗣，坐憲王喪服姦，廢徙房陵。	眞定 元鼎三年，頃王平以憲王子紹封，二十五年薨。
薨。			征和四年，烈王偃嗣，十八年薨。
三年薨。			本始三年，孝王(由)〔申〕嗣，(二十二)〔三十三〕年薨。
七年薨。			建昭元年，安王雍嗣，十六年薨。
年，王莽篡位，貶爲公，明年廢。			陽朔三年，共王普嗣，十五年薨。
			綏和二年，王楊嗣，十六年，王莽篡位，貶爲公，明年廢。

泗水 元鼎二年，思王商以憲王少子立，十五年薨。	
太初二年，哀王安世嗣，一年薨，亡後。	三年，戴王賀以思王子紹封，二十年薨。
	元鳳元年三月丙子，勤王綜嗣，三十九年薨。
	永光三年，戾王駿嗣，三十一年薨。
	元延三年，王靖嗣，十九年，王莽篡位，貶爲公，明年廢。

右孝景十四人。楚、濟川、濟東、山陽、濟陰五人隨父，凡十九人。

師古曰：「此表列諸王次第與本傳不同者，本傳因母氏之次而盡言所生，表則敘其昆弟長幼。又臨江閔王封時年月在後，故不同也。它皆類此。」

齊懷王閎
武帝子。
元狩六年四月乙巳立，八年，元封元年薨，亡後。

燕剌王旦	武帝子。	四月乙巳立，三十七年，元鳳元年，(主)〔坐〕謀反，自殺。	廣陽 本始元年五月，頃王建以剌王子紹封，二十九年薨。	初元五年，穆王舜嗣，二十一年薨。	陽朔二年，思王璜嗣，二十一年薨。	建平四年，王嘉嗣，十二年，王莽篡位，貶爲公，明年廢。
廣陵厲王胥	武帝子。	四月乙巳立，六十三年，五鳳四年，坐祝詛上，自殺。	初元二年三月壬申，孝王霸以厲王子紹封，十三年薨。	建昭五年，共王意嗣，十三年薨。	建始二年，哀王護嗣，十五年薨，亡後。	
				元延二年，靖王守以孝王子紹封，十七年薨。	居攝二年，王宏嗣，三年，王莽篡位，貶爲公，明年廢。	
			高密 本始元年十月，	元康元年，頃王章嗣，三十四年	建始二年，懷王寬嗣，十一	鴻嘉元年，王愼嗣，二十九

			哀王弘以厲王子立，八年薨。	薨。	年薨。	年，王莽篡位，貶爲公，明年廢。		
昌邑哀王髆	武帝子。	天漢四年六月乙丑立，十一年薨。	(元始)〔始元〕元年，王賀嗣，十二年，徵爲昭帝後，立二十七日，以行淫亂，廢歸故國，予邑三千戶。					

右孝武四人。六安、眞定、泗水、平干四人隨父，(兄)〔凡〕八人。

淮陽憲王欽	宣帝子。	元康三年四月丙子立，三十六年薨。	河平二年，文王玄嗣，二十六年薨。	元壽二年，王縯嗣，十九年，王莽篡位，貶爲公，明年廢。				

	東平思王宇	
	宣帝子。	
	甘露二年十月乙亥立，三十二年薨。	
	鴻嘉元年，煬王雲嗣，十六年，建平三年，坐祝詛上，自殺。	
師古曰：「繽音羊善反。」	元始元年二月丙辰，王開明嗣，立五年薨，亡後。	中山 元始元年二月丙辰，王成都以東平思王孫桃鄉頃侯宣子立，奉中山孝王後，八年，王莽篡位，貶爲公，明年，獻書言莽德，封（烈）〔列〕侯，賜姓王。
		居攝元年，嚴鄉侯子匡爲東平王。

楚孝王囂師古曰：「囂音敖。」	宣帝子。	十月乙亥，立爲定陶王，四年，徙楚，二十八年薨。	陽朔元年，懷王芳嗣，一年薨，亡後。					
			陽朔二年，思王衍以孝王子紹封，〔三〕十一年薨。	元壽元年，王紆嗣，十年，王莽篡位，貶爲公，(子)明年廢。				
				信都綏和元年十一月壬子，王景以孝王孫立爲定陶王，奉恭王後，三年，建平二年，徙信都，十三年，				

				王莽篡位，貶爲公，明年廢。				
中山哀王竟	宣帝子。	初元二年二月丁巳，立爲清河王，五年，徙中山王，十三年薨，亡後。						

右孝宣四人。燕王繼絕，高密隨父，凡六人。

定陶共王康	元帝子。	永光三年三月，立爲濟陽王，八年，徙山陽，八年，河平四年四月，徙定陶，凡十九年薨。	陽朔三年，王欣嗣，十四年，綏和元年，爲皇太子。					

中山孝王興	元帝子。	建昭二年六月乙亥，立爲信都王，十五年，陽朔二年，徙中山，凡三十年薨。	綏和二年，王箕子嗣，六年，元壽二年，立爲皇帝。

右孝元二人。廣陵繼絕，凡三人。孝成時河間、廣德、定陶三國，孝哀時廣平一國，孝平時東平、中山、廣德、廣世、廣宗五國，皆繼絕。

校勘記

三九三頁八行　因(闚)〔間〕伺隙出兵也。朱一新說「闚」疑作「間」。按景祐、殿、局本都作「間」。

三九四頁二行　諸侯(北)〔比〕境，周(市)〔帀〕三垂，景祐、殿本「北」都作「比」，「市」都作「帀」。王先謙說作「比」作「帀」是。

三九四頁七行　(項羽)〔韋昭〕曰：朱一新說史表集解引作「韋昭」。

三九四頁一三行　泗水出魯(下)〔卞〕縣。景祐、汲古、殿、局本都作「卞」。朱一新說作「卞」是。

三九四頁一六行　(陂)〔波〕音彼皮反。景祐、殿本都作「波」。

三九九頁二欄　八格，王先謙說「二」當作「一」。按景祐本作「一」。

三九九頁三欄　六格「元始」當作「永始」，據資治通鑑改。

四〇三頁一欄　四格，王先謙說「四十二」當作「四十三」，史表不誤。

四〇三頁二欄　四格，王先謙說「三十三」當作「四十三」。按景祐本作「三十四」。

四〇五頁三欄　四格，朱一新說文紀作「三月」，汪本亦作「三月」，此作「二月」誤。

四〇八頁三欄　三格，殿本「七」作「二」。王先謙說作「二」是。

四〇九頁一欄　三格，朱一新說汪本無「王」字是。按景祐本無「王」字。

四〇九頁三欄　七格，王先謙說「七」當作「三」。按景祐本作「二」。

四二一頁二欄　二格，王先謙說「高」當作「景」。按景祐、殿、局本都作「景」。

四二三頁三欄　五、六、七格原在六、七、八格，據錢大昭說及景祐、殿、局本提上。七格「嗣」字據殿、局本補。

四一六頁四欄　五格，王先謙說「四」字衍。按景祐本「四」作「一」。

四一七頁四欄　六格，王先謙說「由」字閩本、汪本、殿本都作「申」。按景祐本作「申」。又說「二十二年」當作「三十三年」。按景祐本正作「三十三年」。

四一九頁一欄　三格「主」，景祐、殿、局本都作「坐」。王先謙說作「坐」是。

四三〇頁二欄　四格，王先謙說「始元」誤倒作「元始」。按景祐、殿、局本都作「始元」。

四三〇頁三欄　錢大昭說「兄」當作「凡」。按殿、局本都作「凡」。

四三一頁三欄　五格，殿、局本「烈」都作「列」。王先謙說作「列」是。

四三三頁二欄　四格，王先謙說「十」上脫「二」字。五格，王先謙說「子」字衍。按景祐、殿、局本都無「子」字。

漢書卷十五上

王子侯表第三上

大哉，聖祖之建業也！後嗣承序，以廣親親。至于孝武，以諸侯王畺土過制，或替差失軌，而子弟爲匹夫，〔一〕輕重不相準，於是制詔御史：「諸侯王或欲推私恩分子弟邑者，令各條上，朕且臨定其號名。」自是支庶畢侯矣。詩云「文王孫子，本支百世」，〔二〕信矣哉！〔三〕

〔一〕師古曰：「畺亦壃字也。替，古僣字也。軌，法也。」

〔二〕師古曰：「大雅文王之詩也。本，本宗也。支，支子也。言文王有明德，故天祚之，子孫嫡者爲天子，支庶爲諸侯，皆不絕也。」

〔三〕師古曰：「侯所食邑，皆書其郡縣於下。其有不書者，史失之也。或但言某人嗣及直書薨，不具年月，皆闕文也。」

號謚名	屬	始封位次	子	孫	曾孫	玄孫
羹頡侯信 服虔曰「音戛擊之	帝兄子。	七年中封，十三年，高后元年，有				

戛。」師古曰：「音居黠反。」		罪，削爵一級，爲關內侯。師古曰：「不記月日，故云七年中也。」				
合陽侯喜	帝兄，爲代王。匈奴攻代，棄國，廢爲侯。	八年九月丙午封，七年，孝惠二年薨，以子爲王，謚曰頃王。	沛 十一年十二月癸巳，侯濞以帝兄子封，十二年，爲吳王。			
德哀侯廣		一百二十〔七〕 十二年十一月庚辰，以兄子封，（十年）〔七年八月〕薨。	高后三年，頃侯通嗣，〔三〕〔二〕十四年薨。	孝景六年，康侯齕嗣，二十四年薨。師古曰：「齕音紇。下亦同。」	元鼎四年，侯何嗣。五年，坐酎金免。	泰山 元康四年，廣玄孫長安大夫猛，詔復家。師古曰：「大夫，第五爵也。復家，蠲賦役也。復音方目反。」

	右高祖	上邳侯郢客	朱虛侯章
		楚元王子。	齊悼惠王子。
		一百二十八 二年五月丙申封，七年，爲楚王。	一百二十九 五月丙申封，八
六世			
七世 元壽二年五月甲子，侯勳以廣玄孫之孫長安公乘紹封，千戶，九年，王莽篡位，絕。師古曰：「公乘，第八爵也。」			

		年，爲城陽王。張晏曰：「高后二年詔丞相陳平，令差第列侯位次高下，故王子侯三人有第，二年之後皆不第。」	
東牟侯興居	齊悼惠王子。	六年四月丁酉封，四年，爲濟北王。	
右高后			
管共侯罷軍師古曰：「罷音皮彼反，又讀曰疲。共讀曰恭。下皆類此。」	齊悼惠王子。	四年五月甲寅封，二年薨。	六年，侯戎奴嗣，二十年，孝景〔二〕〔三〕年，反，誅。

氏丘共侯甯國	齊悼惠王子。	五月甲寅封，十一年薨。	十五年，侯偃嗣，十年，孝景三年，反，誅。		
營平侯信都	齊悼惠王子。	五月甲寅封，十年薨。	十四年，侯廣嗣，十一年，孝景三年，反，誅。		
楊丘共侯安	齊悼惠王子。	五月甲寅封，十二年薨。	十六年，侯偃嗣，十一年，孝景四年，坐出國界，耐爲司寇。		
楊虛侯將閭	齊悼惠王子。	五月甲寅封，十二年，爲齊王。			

朸侯辟光師古曰：「朸音其力反。下亦同。」	齊悼惠王子。	五月甲寅封，十二年，爲(齊)〔濟〕南王。				
安都侯志	齊悼惠王子。	五月甲寅封，十二年，爲濟北王。				
平昌侯卬	齊悼惠王子。	五月甲寅封，十二年，爲膠西王。				
武成侯賢	齊悼惠王子。	五月甲寅封，十二年，爲菑川王。				
白石侯雄渠	齊悼惠王子。	五月甲寅封，十二年，爲膠東王。				
阜陵侯安	淮南厲王子。	八年五月丙午封，八年，爲淮南王。				

安陽侯勃	淮南厲王子。	五月丙午封，八年，爲衡山王。				
陽周侯賜	淮南厲王子。	五月丙午封，八年，爲廬江王。				
東城哀侯（良）〔良〕	淮南厲王子。	五月丙午封，七年薨，亡後。				
右孝文						
平陸侯禮	楚元王子。	元年四月乙巳封，三年，爲楚王。				
休侯富	楚元王子。	四月乙巳封，三年，以兄子楚王戊反，免。三年，侯富更封紅侯，六年薨，謚曰懿。	七年，懷侯登嗣，一年薨。	中元年，敬侯嘉嗣，二十四年薨。	元朔四年，哀侯章嗣，一年薨，亡後。	

沈猷夷侯歲師古曰：「沈音審。」	楚元王子。	四月乙巳封，二十年薨。	建元五年，侯受嗣，十八年，元狩五年，坐為宗正聽請，不具宗室，耐為司寇。師古曰：「受為宗正，人有私請求者，受聽許之，故於宗室之中事有不具，而受獲罪。」			
宛朐侯埶師古曰：「埶音藝。」	楚元王子。	四月乙巳封，三年，反，誅。				
棘樂敬侯調	楚元王子。	三年八月壬子封，十六年薨。	建元三年，恭侯應嗣，十五年薨。	元朔元年，侯慶嗣，十六年，元鼎五年，坐酎金免。		

乘氏侯買	梁孝王子。	中五年五月丁卯封，一年，爲梁王。				
桓邑侯明	梁孝王子。	五月丁卯封，一年，爲濟川王。				
右孝景						
茲侯明	河間獻王子。	元光五年正月壬子封，四年，元朔三年，坐殺人，自殺。				
安城思侯蒼	長沙定王子。	六年七月乙巳封，十三年薨。	元鼎元年，節侯自當嗣。	侯壽光嗣，五鳳二年，坐與姊亂，下獄病死。		豫章

宜春侯成	長沙定王子。	七月乙巳封，十七年，元鼎五年，坐酎金免。				
句容哀侯黨師古曰：「句讀爲章句之句。」	長沙定王子。	七月(己)〔乙〕巳封，二年薨，亡後。				會稽
容陵侯福	長沙定王子。	七月乙巳封，十七年，元鼎五年，坐酎金免。				
杏山侯成	楚安王子。	後九月壬戌封，十七年，元鼎五年，坐酎金免。				

浮丘節侯不害	楚安王子。	後九月壬戌封，十一年薨。	元狩五年，侯霸嗣，六年，元鼎五年，坐酎金免。			沛
廣戚節侯將	魯共王子。	元朔元年十月丁酉封，薨。	侯始嗣，元鼎五年，坐酎金免。			
丹(楊)〔陽〕哀侯敢	江都易王子。	十二月甲辰封，六年，元狩元年薨，亡後。				蕪湖
盱台侯蒙之	江都易王子。	十二月甲辰封，十六年，元鼎五年，坐酎金免。				
胡孰頃侯胥行	江都易王子。	正月丁卯封，十六年薨。	元鼎五年，侯聖嗣，坐知人脫亡名數，以為保，殺			丹陽

			人，免。師古曰：「脫亡名數，謂不占戶籍也。以此人爲庸保，而又別殺人也。」		
秣陵終侯纏	江都易王子。	正月丁卯封，元鼎四年薨，亡後。			
淮陵侯定國	江都易王子。	正月丁卯封，十六年，元鼎五年，坐酎金免。			淮陵
張梁哀侯仁	梁共王子。	二年五月乙巳封，十三年薨。	元鼎三年，侯順嗣，二十三年，征和三年，爲奴所殺。		

龍丘侯代	菑川懿王子。	五月乙巳封，十五年，元鼎五年，坐酎金免。				琅邪
劇原侯錯	菑川懿王子。	（九）〔五〕月乙巳封，十七年薨。	元鼎二年，孝侯廣昌嗣。	戴侯骨嗣。	質侯吉嗣。	節侯嚚嗣。
			六世 侯勝容嗣。			
懷昌夷侯高遂	菑川懿王子。	五月乙巳封，二年薨。	四年，胡侯延年嗣。	節侯勝時嗣。	侯可置嗣。	
平望夷侯賞	菑川懿王子。	五月乙巳封，七年薨。	元狩三年，原侯楚人嗣，二十六年薨。	太始三年，敬侯光嗣，十四年薨。	神爵四年，頃侯起嗣。	孝侯均嗣。
			六世 侯旦嗣。			

臨衆敬侯始昌	菑川懿王子。	五月乙巳封，三十一年薨。	太始元年，康侯革生嗣，十八年薨。	元鳳三年，頃侯廣平嗣，薨。	原侯農嗣。	臨原節侯理嗣。
			六世 釐侯賢嗣。	七世 侯商嗣，王（恭）〔莽〕篡位，絕。		
葛魁節侯寬	菑川懿王子。	五月乙巳封，八年薨。	元狩四年，侯戚嗣，五年，元鼎三年，坐縛家吏恐猲受賕，棄市。師古曰：「猲謂以威力脅人也。賕，枉法以財相謝。猲音呼葛反。賕音求。」			

盆都敬侯胡	菑川懿王子。	五月乙巳封，薨。	原侯廣嗣。	侯嘉嗣，元鳳三年，坐非廣子免。		
平的戴侯強師古曰：「的音丁歷反。」	菑川懿王子。	五月乙巳封，十七年薨。	元狩元年，思侯中時嗣，〔二〕〔三〕十年薨。	太始三年，節侯福嗣，十三年薨。	神爵四年，頃侯鼻嗣。	釐侯利親嗣。
			六世侯宣嗣。			
劇魁夷侯黑	菑川懿王子。	五〔年〕〔月〕乙巳封，十七年薨。	元狩元年，思侯招嗣，三年薨。	四年，康侯德嗣。	孝侯利親嗣。	釐侯嬰嗣。
			六世侯向嗣。			

壽梁侯守	菑川懿王子。	五月乙巳封，十五年，元鼎五年，坐酎金免。				壽樂
平度康侯行	菑川懿王子。	五月乙巳封，四十七年薨。	元鳳元年，節侯慶忌嗣，三年薨。	四年，質侯帥軍嗣。	頃侯欽嗣。	孝侯宗嗣。
			六世侯嘉嗣。			
宜成康侯偃	菑川懿王子。	五月乙巳封，十一年薨。	元鼎元年，侯福嗣，十二年，太初元年，坐殺弟棄市。			平原
臨朐夷侯奴 師古曰：「朐音劬。」	菑川懿王子。	五月乙巳封，四十一年薨。	戴侯乘嗣。	節侯賞嗣。	孝侯信嗣。	東海 安侯禕嗣。師古曰：「禕音猗。」

			六世 侯岑嗣。			
雷侯豨	城陽共王（弟）〔子〕。	五月甲戌封，十五年，元鼎五年，坐酎金免。				東海
東莞侯吉	城陽共王子。	五月甲戌封，五年，痼病不任朝，免。				
辟土節侯壯 師古曰：「辟音闢。」	城陽共王子。	五月甲戌封，三年薨。	五年，侯明嗣，十二年，元鼎五年，坐酎金免。			東海
尉文節侯丙	趙敬肅王子。	六月甲午封，五年薨。	元狩元年，侯犢嗣，十年，元鼎五年，坐酎金免。			南郡

封斯戴侯胡傷	趙敬肅王子。	六月甲午封，二十五年薨。	太初三年，原侯如意嗣，五十二年薨。	甘露四年，孝侯宮嗣。	侯仁嗣。	
榆丘侯受福	趙敬肅王子。	六月甲午封，十五年，元鼎五年，坐酎金免。				
襄嚵侯建晉灼曰：「音內言嚵毚。」師古曰：「音士咸反。」	趙敬肅王子。	六月甲午封，十五年，元鼎五年，坐酎金免。				廣平
邯會衍侯仁	趙敬肅王子。	六月甲午封，薨。	哀侯慧嗣。	後元年，勤侯賀嗣，三十五年薨。	甘露元年，原侯張嗣。	釐侯康嗣。
			六世 節侯重嗣。	七世 懷侯蒼嗣，薨，亡後。		

朝節侯義	趙敬肅王子。	六月甲午封，十三年薨。	元鼎三年，戴侯祿嗣。	侯固城嗣，五鳳四年，坐酎金少四兩免。		
東城侯遺	趙敬肅王子。	六月甲午封，十一年，元鼎元年，爲孺子所殺。師古曰：「孺子，妾之號也。」				
陰城思侯蒼	趙敬肅王子。	六月甲午封，十七年，太初元年薨。嗣子有罪，不得代。				
廣望節侯忠	中山靖王子。	六月甲午封，三十年薨。	天漢四年，頃侯中嗣，十三年薨。	始元三年，思侯何齊嗣。	恭侯遂嗣。	侯閣嗣。

將梁侯朝平	中山靖王子。	六月甲午封，十五年，元鼎五年，坐酎金免。				涿
薪館侯未央	中山靖王子。	六月甲午封，十五年，元鼎五年，坐酎金免。				涿
陸城侯貞	中山靖王子。	六月甲午封，十五年，元鼎五年，坐酎金免。				涿
薪處侯嘉	中山靖王子。	六月甲午封，十五年，元鼎五年，坐酎金免。				涿
蒲領侯嘉	廣川惠王子。	三年十月癸酉封，有罪，絕。				東海

西熊侯明	廣川惠王子。	十月癸酉封，薨，亡後。				
棗彊侯晏	廣川惠王子。	十月癸酉封，薨，亡後。				
畢梁侯嬰	廣川惠王子。	十月癸酉封，十九年，元封四年，坐首匿罪人，爲鬼薪。				魏
旁光侯殷	河間獻王子。	十月癸酉封，十年，元鼎元年，坐貸子錢不占租，取息過律，會赦，免。師古曰：「以子錢出貸人，律合收租，匿不				魏

		占，取息利又多也。占音之贍反。」				
距陽憲侯匄	河間獻王子。	十月癸酉封，十四年薨。	元鼎五年，侯淒嗣，坐酎金免。師古曰：「淒音妻。」			
蔞節侯退師古曰：「蔞音力朱反。」	河間獻王子。	十月癸酉封，十六年薨。	元封元年，釐侯嬰嗣，二十二年薨。	後元年，原侯益壽嗣，三十一年薨。	五鳳元年，安侯充世嗣，三年薨。	四年，侯遺嗣，二十年，建始四年薨，亡後。
阿武戴侯豫	河間獻王子。	十月癸酉封，二十四年薨。	太初三年，敬侯宣嗣，二十年薨。	始元三年，節侯信嗣，二十三年薨。	神爵元年，釐侯嬰齊嗣。	頃侯黃嗣。
			六世侯長久嗣，王莽篡位，絕。			

參戶節侯免	河間獻王子。	十月癸酉封，四十六年薨。	元鳳元年，敬侯嚴嗣。	頃侯元嗣。	孝侯利親嗣。	侯度嗣。
州鄉節侯禁	河間獻王子。	十月癸酉封，十一年薨。	元鼎二年，思侯齊嗣。	元封六年，憲侯惠嗣。	釐侯商嗣。	恭侯伯嗣。
			六世侯禹嗣，王莽篡位，絕。			
平城侯禮	河間獻王子。	十月癸酉封，六年，元狩三年，坐恐猲取雞以令買償免，復謾，完爲城旦。師古曰：「恐猲取人雞，依令買雞以償，坐此免侯，又犯欺謾，故				

		爲城旦也。謾音漫。」				
廣侯順	河間獻王子。	十月癸酉封，十四年，元鼎五年，坐酎金免。				勃海
蓋胥侯讓師古曰：「蓋音公臘反。」	河間獻王子。	十月癸酉封，十四年，元鼎五年，坐酎金免。				魏
陰安康侯不害	濟北貞王子。	十月癸酉封，十一年薨。	元鼎三年，哀侯秦（容）〔客〕嗣，三年薨，亡後。			魏
榮關侯騫	濟北貞王子。	十月癸酉封，坐謀殺人，會赦，免。				茌平師古曰：「茌音仕疑反。」

周望康侯何	濟北貞王子。	十（年）〔月〕癸酉封，八年薨。	元狩五年，侯當時嗣，六年，元鼎五年，坐酎金免。			
陪繆侯則	濟北貞王子。	十月癸酉封，十一年薨。	元鼎二年，侯邑嗣，五年，坐酎金免。			平原
前侯信 師古曰：「字或作蒰，音側流反。」	濟北貞王子。	十月癸酉封，十四年，元鼎五年，坐酎金免。				平原
安陽侯樂	濟北貞王子。	十月癸酉封，三十八年薨。	後元年，穅侯延年嗣，十六年薨。	本始二年，康侯記嗣，十五年薨。	五鳳元年，安侯戚嗣。	平原 哀侯得嗣，薨，亡後。
五據侯（臞）〔曜〕丘	濟北式王子。	十月癸酉封，十四年，元鼎五年，				泰山

師古曰：「(矖)〔曬〕音劬，又音懼。」		坐酎金免。				
富侯龍	濟北式王子。	十月癸酉封，十六年，元康元年，坐使奴殺人，下獄瘐死。				
平侯遂	濟北式王子。	十月癸酉封，四年，元狩元年，坐知人盜官母馬為臧，會赦，復作。師古曰：「有人盜馬，為藏匿之，雖會赦，猶復作。復作者，徒役也。復音扶目反。」				
羽康侯成	濟北式王子。	十月癸酉封，六十年薨。	地節三年，恭侯係嗣。	侯秉嗣，王莽篡位，絕。		

胡母侯楚	濟北式王子。	二月癸酉封，十四年，元鼎五年，坐酎金免。				泰山
離石侯綰	代共王子。	正月壬戌封，後更爲涉侯，坐上書謾，耐爲鬼(新)〔薪〕。師古曰：「謾，欺誑也，音漫。」				
邵侯順	代共王子。	正月壬戌封，二十六年，天漢元年，坐殺人及奴凡十六人，以捕匈奴千騎免。師古曰：「詐云捕得				

		匈奴騎，故私殺人以當之。」				
利昌康侯嘉	代共王子。	正月壬戌封，五十一年薨。	元鳳五年，戴侯樂嗣，十二年薨。	元康二年，頃侯萬世嗣。	節侯光祿嗣。	剌侯殷嗣。
			六世 侯換嗣，王莽篡位，絕。			
藺侯罷軍	代共王子。	〔五〕〔正〕月壬戌封，後更爲武原侯，坐盜賊免。				西河
臨河侯賢	代共王子。	正月壬戌封，後更爲高俞侯，坐酎金免。				

濕成侯忠師古曰：「濕音它合反。」	代共王子。	正月壬戌封，後更爲端氏侯，薨，亡後。				
土軍侯郢客師古曰：「土軍，西河之縣也，說者以爲洛陽土軍里，非也。」	代共王子。	正月壬戌封，後更爲鉅乘侯，坐酎金免。				
皋琅侯遷	代共王子。	正月壬戌封，薨，亡後。				臨淮
千章侯遇	代共王子。	正月壬戌封，後更爲夏丘侯，坐酎金免。				平原

博陽頃侯就	齊孝王子。	三月乙卯封，薨。	侯終古嗣，元鼎五年，坐酎金免。			濟南
寧陽節侯恬	魯共王子。	三月乙卯封，五十二年薨。	元鳳六年，安侯慶忌嗣，十八年薨。	五鳳元年，康侯信嗣。	孝侯鬳嗣。	侯方嗣。
瑕丘節侯政	魯共王子。	三月乙卯封，五十三年薨。	元平元年，思侯國嗣，四年薨。	本始四年，孝侯湯嗣，十年薨。	神爵二年，煬侯奉義嗣。	釐侯遂成嗣。
			六世侯禹嗣。			
公丘夷侯順	魯共王子。	三月乙卯封，三十年薨。	太始元年，康侯置嗣。	地節四年，煬侯延壽嗣，九年薨。	五鳳元年，思侯賞嗣。	侯元嗣，王莽篡位，絕。
郁根侯驕 師古曰：「根音狠。」	魯共王子。	三月乙卯封，十四年，元鼎五年，坐酎金免。				

西昌侯敬	魯共王子。	三月乙卯封，十四年，元鼎五年，坐酎金免。				
陸地侯義	中山靖王子。	三月乙卯封，十四年，元鼎五年，坐酎金免。				辛處
邯平侯順	趙敬肅王子。	三月乙卯封，十四年，元鼎五年，坐酎金免。				廣平
武始侯昌	趙敬肅王子。	四月甲辰封，三十四年，爲趙王。				魏
爲氏節侯賀	趙敬肅王子。	四月甲辰封，十八年薨。	元封三年，思侯安意嗣，二十七年薨。	始元六年，康侯千秋嗣，十六年薨。	元康元年，孝侯漢強嗣。	侯鄧嗣，王莽篡位，絕。

易安侯平	趙敬肅王子。	四月甲辰封，二十年薨。	元封五年，康侯種嗣。	侯德嗣，始元元年，坐殺人免。			鄗師古曰：「鄗音呼各反。」
路陵侯童	長沙定王子。	四年三月乙丑封，四年，元狩二年，坐殺人，自殺。					南陽
攸輿侯則	長沙定王子。	三月乙丑封，二十二年，太初元年，坐簒死罪囚，棄市。					南陽
荼陵節侯訢師古曰：「荼音塗。訢與欣同。」	長沙定王子。	三月乙丑封，十年薨。	元鼎二年，哀侯湯嗣，十一年，太初元年薨，亡後。				桂陽
建成侯拾	長沙定王子。	三月乙丑封，元鼎二年，坐使行					

	安衆康侯丹	
	長沙定王子。	
人奉璧皮薦，賀元年十月不會，免。師古曰：「以皮薦璧也。時以十月爲歲首，有賀而不及會也。」	三月乙丑封，三十年薨。	
	元封六年，節侯山柎嗣，三十八年薨。師古曰：「柎音方于反。」	侯崇嗣，居攝元年舉兵，爲王莽所滅。
	地節三年，繆侯毋妨嗣。	
	釐侯褱嗣。	
	侯歆嗣。師古曰：「歆音其禁反，又音其錦反。」	

			侯寵，建武二年以崇從父弟紹封。	建武十三年，侯松嗣。		今見師古曰：「作表時見爲侯也。」
葉平侯喜師古曰：「葉音式涉反。」	長沙定王子。	三月乙丑封，十三年，元鼎五年，坐酎金免。				
利鄉侯嬰	城陽共王子。	三月乙丑封，五年，元狩三年，有罪免。				
有利侯釘師古曰：「音丁，又音鼎。」	城陽共王子。	三月乙丑封，三年，元狩元年，坐遺淮南王書稱臣棄市。				東海

東平侯慶	城陽共王子。	三月乙丑封，五年，元狩三年，坐與姊姦，下獄瘐死。				東海
運平侯記	城陽共王子。	三月乙丑封，十三年，元鼎五年，坐酎金免。				東海
山州侯齒	城陽共王子。	三月乙丑封，十三年，元鼎五年，坐酎金免。				
海常侯福	城陽共王子。	三月乙丑封，十三年，元鼎五年，坐酎金免。				琅邪

騶丘敬侯寬	城陽共王子。	三月乙丑封，六年薨。	元狩四年，原侯報德嗣。	侯毋害嗣，本始二年，坐使人殺兄棄市。		
南城節侯貞	城陽共王子。	三月乙丑封，四十二年薨。	始元四年，戴侯猛嗣，二十二年薨。	神爵元年，元侯尊嗣，二年薨。	四年，釐侯充國嗣。	頃侯遂嗣。
			六世 侯友嗣，王莽篡位，絕。			
廣陵虒侯裘 晉灼曰：「虒音斯。」	城陽共王子。	三月乙丑封，七年薨。	元狩五年，侯成嗣，六年，元鼎五年，坐酎金免。			
杜原侯臯	城陽共王子。	三月乙丑封，十三年，元鼎五年，坐酎金免。				

臨樂敦侯光 師古曰：「敦字或音弋灼反，又作斅，古穆字。」	中山靖王子。	四月甲午封，二十年薨。	元封六年，憲侯建嗣。	列侯固嗣。	五鳳三年，節侯萬年嗣。	侯廣都嗣，王莽篡位，絕。
東野戴侯章	中山靖王子。	四月甲午封，薨。	侯中時嗣，太初四年薨，亡後。			
高平侯喜	中山靖王子。	四月甲午封，十三年，元鼎五年，坐酎金免。				平原
廣川侯頗	中山靖王子。	四月甲午封，十三年，元鼎五年，坐酎金免。				
重侯擔 師古曰：「擔音丁甘反。」	河間獻王子。	四月甲午封，四年，元狩二年，坐不使人爲秋請				平原

		免。師古曰：「請音材姓反。」				
被陽敬侯燕師古曰：「被音疲彼反。千乘之縣也。」	齊孝王子。	四月乙卯封，十三年薨。	元鼎五年，糠侯偃嗣，二十八年薨。	始元二年，頃侯壽嗣。	孝侯定嗣。	節侯閎嗣。
			六世 侯廣嗣，王莽篡位，絕。			
定敷侯越	齊孝王子。	四月乙卯封，十二年薨。	元鼎四年，思侯德嗣，五十一年薨。	元康四年，憲侯福嗣。	恭侯湯嗣。	定侯乘嗣，王莽篡位，絕。
稻夷侯定	齊孝王子。	四月乙卯封，薨。	簡侯陽都嗣。	本始二年，戴侯咸嗣，四十二年薨。	甘露元年，頃侯閎嗣。	侯永嗣，王莽篡位，絕。

山原侯國	齊孝王子。	四月乙卯封，二十七年薨。五百五十戶。	天漢三年，康侯棄嗣，十四年薨。	始元三年，安侯守嗣，二十二年薨。	侯發嗣。	勃海 甘露二年，孝侯外人嗣，十八年，建始五年薨。
繁安夷侯忠	齊孝王子。	四月乙卯封，十八年薨。	元封四年，安侯守嗣。	節侯壽漢嗣。	元鳳五年，頃侯嘉嗣。	孝侯光嗣。
			六世 侯起嗣。			
柳康侯陽已	齊孝王子。	四月乙卯封，薨。	敷侯罷師嗣。	于侯自爲嗣。	安侯攜嗣。	繆侯軻嗣。
			六世 侯守嗣，王莽篡位，絕。			
雲夷侯信	齊孝王子。	四月乙卯封，十四年薨。	元鼎六年，侯茂發嗣。	太始二年，康侯遂嗣。	釐侯終古嗣。	侯得之嗣，王莽篡位，絕。

牟平共侯渫師古曰：「渫音先列反。」	齊孝王子。	四月乙卯封，五年薨。	元狩三年，節侯奴嗣，(三)〔二〕十五年薨。	太始二年，敬侯更生嗣，(一)〔二〕十九年薨。	地節四年，康侯建嗣，一年薨。	元康元年，孝侯齕嗣。
			六世 釐侯威嗣。	七世 侯隆嗣，王莽篡位，絕。		
柴原侯代	齊孝王子。	四月乙卯封，三十四年薨。	征和二年，節侯勝之嗣，二十七年薨。	元康二年，敬侯賢嗣。	三年，康侯齊嗣。	恭侯莫如嗣，薨，亡後。
柏暢戴侯終古	趙敬肅王子。	五年十一月辛酉封，薨。	侯朱嗣，始元三年薨，亡後。			中山
歊安侯延年師古曰：「歊音許昭反。」	趙敬肅王子。	十一月辛酉封，十二年，元鼎五年，坐酎金免。				

乘丘節侯將夜	中山靖王子。	三月癸酉封，十一年薨。	元鼎四年，戴侯德嗣。	侯外人嗣，元康四年，坐爲子時與後母亂，免。		
高丘哀侯破胡	中山靖王子。	三月癸酉封，八年，元鼎元年薨，亡後。				
柳宿夷侯蓋	中山靖王子。	三月癸酉封，四年薨。	元狩三年，侯蘇嗣，八年，元鼎五年，坐酎金免。			
戎丘侯讓	中山靖王子。	(二)〔三〕月癸酉封，十(三)〔二〕年，元鼎五年，坐酎金免。				
樊輿節侯脩	中山靖王子。	二月癸酉封，三十六年薨。	後元年，煬侯過倫嗣。	思侯異衆嗣。	頃侯士生嗣。	侯自(子)〔予〕嗣，王莽篡位，絕。

曲成侯萬歲	中山靖王子。	〔二〕〔三〕月癸酉封，十二年，元鼎五年，坐酎金免。				涿
安郭于侯傳富	中山靖王子。	〔二〕〔三〕月癸酉封，薨。五百二十戶。	釐侯偃嗣。	侯崇嗣，元康元年，坐首匿死罪免。		涿
安險侯應	中山靖王子。	三月癸酉封，十二年，元鼎五年，坐酎金免。				
安道侯恢	中山靖王子。	三月癸酉封，十二年，元鼎五年，坐酎金免。				
夫夷敬侯義	長沙定王子。	三月癸酉封，十二年薨。	元鼎五年，節侯禹嗣，五十八年薨。	五鳳三年，頃侯奉宗嗣。	釐侯慶嗣。	懷侯福嗣。

			六世侯商嗣，王莽篡位，絕。			
舂陵節侯買	長沙定王子。	六月壬子封，四年薨。	元狩三年，戴侯熊渠嗣，五十六年薨。	元康元年，孝侯仁嗣。	侯敞嗣。	建武二年，立敞子（社）〔祉〕爲城陽王。
都梁敬侯定	長沙定王子。	六月壬子封，八（月）〔年〕薨。	元鼎元年，頃侯傒嗣。師古曰：「傒音胡禮反。」	節侯弘嗣。	原侯順懷嗣。	煬侯容嗣。
			六世侯佗人嗣，王莽篡位，絕。			

洮陽靖侯狩	長沙定王子。	六月壬子封，七年，元狩六年薨，亡後。				
燕						
衆陵節侯賢	長沙定王子。	六月壬子封，五十年薨。	本始四年，戴侯眞定嗣，二十二年薨。	黃龍元年，頃侯慶嗣。	侯骨嗣，王莽篡位，絕。	
終弋侯廣置	衡山賜王子。	六年四月丁丑封，十一年，元鼎五年，坐酎金免。				汝南
麥侯昌	城陽頃王子。	元鼎元年四月戊寅封，五年，坐酎金免。				琅邪
鉅合侯發	城陽頃王子。	四月戊寅封，五年，坐酎金免。				平原

昌侯差	城陽頃王子。	四月戊寅封，五年，坐酎金免。				琅邪
蕢侯方師古曰：「蕢音口怪反，字或作蕢，音扶未反。又音祕。」	城陽頃王子。	四月戊寅封，五年，坐酎金免。				
虖葭康侯澤師古曰：「虖音乎。葭音工遐反。」	城陽頃王子。	四月戊寅封，六十二年薨。	神爵元年，夷侯舞嗣。	頃侯閎嗣。		侯永嗣，王莽篡位，絕。
原洛侯敢	城陽頃王子。	四月戊寅封，二十六年，征和三年，坐殺人棄市。				琅邪
挾術侯昆景	城陽頃王子。	四月戊寅封，十六年，天漢元年薨，亡後。				琅邪

挾釐侯霸	城陽頃王子。	四月戊寅封，三十五年薨。	始元五年，夷侯咸嗣，二十一年薨。	神爵元年，節侯賢嗣。	頃侯思嗣。	孝侯衆嗣，薨，亡後。
枌節侯讓	城陽頃王子。	四月戊寅封，薨。	侯興嗣，爲人所殺。			平原
文成侯光	城陽頃王子。	四月戊寅封，五年，坐酎金免。				東海
挍靖侯雲師古曰：「挍音效。」	城陽頃王子。	四月戊寅封，五年，坐酎金免。				
庸侯餘	城陽頃王子。	四月戊寅封，有罪死。				琅邪
翟侯壽	城陽頃王子。	四月戊寅封，五年，坐酎金免。				東海

鱣侯應師古曰：「鱣音竹連反。」	城陽頃王子。	四月戊寅封，五年，坐酎金免。				襄賁師古曰：「賁音奔，又音肥。」
彭侯強	城陽頃王子。	四月戊寅封，五年，坐酎金免。				東海
瓡節侯息師古曰：「瓡即瓠字也，又音孤。」	城陽頃王子。	四月戊寅封，十五年薨。	元康四年，質侯守嗣，七年薨。			
虛水康侯禹	城陽頃王子。	四月戊寅封，三十八年薨。	地節元年，息侯爵嗣，七年薨。	五鳳四年，侯敞嗣，王莽篡位，絕。		
東淮侯類	城陽頃王子。	四月戊寅封，五年，坐酎金免。				北海
栒侯賢	城陽頃王子。	四月戊寅封，五年，坐酎金免。				千乘

清侯不疑師古曰：「清音育。」	城陽頃王子。	四月戊寅封，五年，坐酎金免。				東海
陸元侯何	菑川靖王子。	七月辛卯封，薨。	原侯賢嗣。	侯延壽嗣，五鳳三年，坐知女妹夫亡命笞二百，首匿罪，免。師古曰：「妹夫亡命，又有笞罪，而藏匿之，坐免也。」		壽光
廣饒康侯國	菑川靖王子。	七月辛卯封，五十年薨。	地節三年，共侯坊嗣，十四年薨。師古曰：「坊音房。」	甘露元年，侯麟嗣，王莽篡位，絕。		
鉼敬侯成師古曰：「鉼音步(于)〔丁〕反。」	菑川靖王子。	七月辛卯封，五十四年薨。	地節二年，頃侯龍嗣，五十年薨。	(永)〔元〕康三年，原侯融嗣。	侯閎嗣，王莽篡位，絕。	

俞閭煬侯毋害師古曰：「俞音喻。」	菑川靖王子。	七月辛卯封，四十四年薨。	地節三年，原侯況嗣，十年薨。	五鳳元年，侯瞵嗣，十二年，初元三年薨，亡後。師古曰：「瞵音鄰。」		
甘井侯光	廣川繆王子。	七月乙酉封，二十五年，征和二年，坐殺人棄市。				鉅鹿
襄隄侯聖師古曰：「隄音丁奚反。」	廣川繆王子。	七月乙酉封，五十年，地節四年，坐奉酎金斤(十)〔八〕兩少四兩，免。	(始元)〔元始〕二年，聖子倫以曾祖廣川惠王曾孫爲廣德王。			鉅鹿
皋虞煬侯建師古曰：「煬音戈向反。後皆類此。」	膠東康王子。	元封元年五月丙午封，九年薨。	太初四年，穅侯定嗣，十四年薨。	本始二年，節侯衰嗣。	釐侯勳嗣。	頃侯顯嗣。

			六世侯樂嗣，王莽篡位，絕。			
魏其煬侯昌	膠東康王子。	五月丙午封，十七年薨。	本始四年，原侯傅光嗣，三十三年薨。	甘露三年，孝侯禹嗣。	質侯蟜嗣。師古曰：「蟜音矯。」	侯嘉嗣，王莽篡位，絕。
祝茲侯延年	膠東康王子。	五月丙午封，五年，坐棄印綬出國，免。				琅邪
高樂康侯師古曰：「史失其名也。」	齊孝王子。	不得封年，薨，亡後。				濟南
參鬷侯則晉灼曰：「鬷音悾鬷。」師古曰：「音子弄反，又音子公反。」	廣川惠王子。	不得封年，坐酎金免。				東海

沂陵侯喜師古曰：「沂音牛衣反。」	廣川惠王子。	不得封年，坐酎金免。				東海
沈陽侯自爲	河間獻王子。	不得封年。				勃海
漳北侯寬	趙敬肅王子。	不得封年，元鳳三年，爲奴所殺。				魏
南繇侯佗師古曰：「繇音力專反。」	趙敬肅王子。	不得封年，征和二年，坐酎金免。				鉅鹿
南陵侯慶	趙敬肅王子。	不得封年，後三年，坐爲沛郡太守橫恣罔上，下獄瘐死。				臨淮

鄗侯舟師古曰：「鄗音呼各反。」	趙敬肅王子。	不得封年，征和四年，坐祝𧛩上，要斬。師古曰：「𧛩，古詛字也，音側據反。」				常山
安檀侯福	趙敬肅王子。	不得封年，後三年，坐爲常山太守祝𧛩上，訊未竟，病死。師古曰：「訊謂考問之。」				魏
爰戚侯當	趙敬肅王子。	不得封年，後三年，坐與兄廖謀反，自殺。				濟南

栗節侯樂	趙敬肅王子。	征和元年封，二十七年薨。	地節四年，煬侯忠嗣。	質侯終根嗣。	侯況嗣。	
洨夷侯周舍 師古曰：「洨音交，又音爻。」	趙敬肅王子。	元年封，薨。	孝侯惠嗣。	節侯廼始嗣。	哀侯勳嗣。	侯承嗣。
猇節侯起 晉灼曰：「猇音內言鴞。」師古曰：「音于虬反。」	趙敬肅王子。	元年封，十三年薨。	始元六年，夷侯充國嗣，二十年薨。	神爵元年，恭侯廣明嗣。	釐侯固嗣。	侯鉅鹿嗣。
揤裴戴侯道 鄭氏曰：「揤裴音卽非，在肥鄉縣南五里，卽非（成）〔城〕也。」	趙敬肅王子。	元年封，十二年薨。	元鳳元年，哀侯尊嗣。	頃侯章嗣。	釐侯景嗣。	東海 侯發嗣。

澎侯屈釐 師古曰：「澎音彭，東海縣也。屈音丘勿反，又音求勿反。」	中山靖王子。	二年三月丁巳封，三年，坐為丞相祝詛，要斬。					

右孝武

校勘記

四二八頁三欄　三格，錢大昭說「一百二十」當作「一百二十七」。王先謙說史表正作「一百二十七」。「十年」，景祐、殿本都作「七年八月」。四格「三」，景祐、殿本都作「二」。

四三〇頁四欄　四格，錢大昭說「二年」當作「三年」。王先謙說史表作「三年」。按景祐本正作「三年」。

四三一頁三欄　四格，景祐、殿本「耐」作「削」。

四三二頁一欄　三格「齊」，景祐、殿、局本都作「濟」。

四三三頁三欄　一格「艮」，景祐、殿本都作「良」。王先謙說「艮」字誤。

四三四頁一欄　四格，景祐本作「削」，殿本作「耐」。

四三六頁二欄　三格，王先謙說「己」當為「乙」。按景祐、殿本正作「乙」。

四三七頁三欄　一格「楊」，景祐、殿本都作「陽」。

四三九頁二欄　三格，王先謙說「九」當爲「五」。按景祐、殿、局本都作「五」。

四四〇頁二欄　五格「恭」，景祐、殿、局本都作「莽」。王先謙說作「莽」是。

四四一頁二欄　四格「二十」，景祐本作「三十」。

四四一頁四欄　三格「五年」，景祐、殿、局本都作「五月」。王先謙說作「五月」是。

四四三頁二欄　二格「弟」，殿、局本都作「子」。王先謙說作「子」是，史表同。

四五〇頁四欄　四格「容」，王先謙說閩本、汪本都作「客」，史表同。按景祐本作「客」。

四五一頁一欄　三格，王先謙說「十年」當作「十月」。按景祐本作「十月」。

四五一頁五欄　一格，殿本作「曜」，景祐本誤作「曜」。

四五三頁二欄　三格「新」，殿、局本都作「薪」。

四五三頁三欄　三格原在四格，據景祐、殿、局本提上。

四五四頁四欄　三格「五月」，景祐、殿本都作「正月」。王先謙說作「正月」是。

四六六頁一欄　四格，王念孫說「三」字誤，景祐本作「二十五年」。五格「二十九年」，景祐、殿本「一」作「二」。王先謙說作「二」是。

四六六頁二欄　四、五格原在三、四格，據景祐、殿本改。

四六七頁四欄　三格，王先謙說汪本「二」作「三」、「三」作「二」，是。按景祐、殿本同。

四六七頁五欄　七格「子」，景祐、殿本都作「予」。

四六八頁一欄　三格「二月」，景祐、殿本都作「三月」。

四六八頁二欄　三格「二月」，景祐、殿本都作「三月」。

四六九頁二欄　七格「祉」，景祐、殿、局本都作「祉」。朱一新說作「祉」是。

四六九頁三欄　三格「八月」，景祐、殿、局本都作「八年」。王先謙說作「八年」是。

四七四頁四欄　一格「于」，景祐、殿本都作「丁」。五格「永」，景祐、殿本都作「元」。

四七五頁三欄　三格「十兩」，景祐、殿、局本都作「八兩」。四格，錢大昭說「始元」當作「元始」。

四七九頁四欄　一格，王先謙說「成」當作「城」。按景祐、殿本都作「城」。

漢書卷十五下

王子侯表第三下

孝元之世，亡王子侯者，盛衰終始，豈非命哉！元始之際，王莽擅朝，僞褒宗室，侯及王之孫焉；〔一〕居攝而愈多，非其正，故弗錄。〔二〕旋踵亦絕，悲夫！

〔一〕師古曰：「王之孫亦得封侯，謂承鄉侯閟以下是也。」

〔二〕師古曰：「王莽所封，故不以爲正也。」

號謚姓名	屬	始封	子	孫	曾孫	玄孫
松茲戴侯霸	六安共王子。	始元五年六月辛丑封，二十二年薨。	神爵二年，共侯始嗣。	頃侯(纏)〔緁〕嗣。師古曰：「緁音(于)〔千〕涉反。」	侯均嗣。王莽篡位，絕者凡百八十一人。師古曰：「此下言免絕者皆是也。」	

溫水侯安國	膠東哀王子。	六月辛丑封，十年，本始二年，坐上書爲妖言，會赦，免。				
蘭旗頃侯臨 朝	魯安王子。	六月辛丑封，二十二年薨。	神爵二年，節侯去疾嗣，七年薨。	甘露元年，釐侯嘉嗣。	侯位嗣，絕。	
容丘戴侯方 山	魯安王子。	六月辛丑封。	頃侯未央嗣。	侯昭嗣，絕。		
良成頃侯文 德	魯安王子。	六月辛丑封。	共侯舜嗣。	釐侯原嗣。	戴侯元嗣。	侯閔嗣，絕。
蒲領煬侯祿	清河綱王子。	六年五月乙卯封。	哀侯推嗣，亡後。			

			元延三年，節侯不識以推弟紹封。	侯京嗣，免。		
南曲煬侯遷	清河綱王子。	五月乙卯封，三十年薨。	甘露三年，節侯江嗣。	侯尊嗣，免。		
高城節侯梁	長沙頃王子。	六月乙未封。	質侯景嗣。	頃侯請士嗣。	侯馮嗣，免。	
成獻侯喜	中山康王子。	元鳳五年十一月庚子封，十五年薨。	神爵元年，頃侯得疵嗣。師古曰：「疵音才斯反。」	煬侯傰嗣。師古曰：「傰音普等反。」	哀侯貴嗣，建平元年薨，亡後。	涿郡
新市康侯吉	廣川繆王子。	十一月庚子封，二十五年薨。	甘露三年，頃侯義嗣。	侯欽嗣。		堂陽
江陽侯仁	城陽慧王子。	六年十一月乙丑封，十年，元康元年，坐役使附				東海

		落免。師古曰：「有聚落來附者，輒役使之，非法制也。」				
陽武侯	孝武皇帝曾孫。	元平元年七月庚申封，即日即皇帝位。				
右孝昭十二						
朝陽荒侯聖	廣陵厲王子。	本始元年七月壬子封。	思侯廣德嗣。	侯安國嗣，免。		濟南
平曲節侯曾	廣陵厲王子。	七月壬子封，十九年，五鳳四年，坐父祝詛上，免，後復封。	釐侯臨嗣。	侯農嗣，免。		東海

南利侯昌	廣陵厲王子。	七月壬子封，五年，地節二年，坐賊殺人免。				汝南
安定戾侯賢	燕剌王子。	(十)〔七〕月壬子封。	頃侯延年嗣。	侯昱嗣，免。		鉅鹿
東襄愛侯寬	廣川繆王子。	(二)〔三〕年四月壬申封。	侯使親嗣，建昭元年薨，亡後。			信都
宣處節侯章	中山康王子。	三年六月甲辰封，四年薨。	地節三年，原侯衆嗣，薨，亡後。			
修市原侯寅	清河綱王子。	四年四月己丑封，(二)〔三〕年薨。	地節三年，頃侯千秋嗣。	釐侯元嗣。	侯雲嗣，免。	勃海
東昌趮侯成 晉灼曰：「音躁疾。」師古曰：「卽古躁字也。」	清河綱王子。	四月己丑封。	頃侯親嗣。	節侯霸嗣。	侯祖嗣，免。	

新鄉侯豹	清河綱王子。	四月(乙)〔己〕丑封，四年薨。	地節四年，釐侯步可嗣。	煬侯尊嗣。	侯佟嗣，元始元年上書言王莽宜居攝，莽篡位，賜姓王。師古曰：「佟音徒冬反。」	
修故侯福	清河綱王子。	四月(乙)〔己〕丑封，五年，元康元年，坐首匿羣盜棄市。				清河
東陽節侯弘	清河綱王子。	四月己丑封，十年薨。	神爵二年，釐侯縱嗣。	頃侯廼始嗣。	哀侯封親嗣。	侯伯造嗣，免。
新昌節侯慶	燕剌王子。	五月癸丑封。	頃侯稱嗣。	哀侯未央嗣，薨，亡後。		涿
				元延元年，釐侯	侯晉嗣，免。	

				嫋以未央弟紹封。師古曰：「嫋音乃了反。」		
邯蕁節侯偃師古曰：「邯音寒。蕁音潯。」	趙頃王子。	地節(三)〔二〕年四月癸卯封，九年薨。	神爵三年，釐侯勝嗣。	頃侯度嗣。	侯定嗣，免。	魏
樂陽繆侯說	趙頃王子。	四月癸卯封。	孝侯宗嗣。	頃侯崇嗣。	侯鎮嗣，免。	常山
桑中戴侯廣漢	趙頃王子。	四月癸卯封。	節侯縱嗣。	頃侯敬嗣，亡後。		
				元延二年，侯舜以敬弟紹封，十九年免。		
張侯嵩	趙頃王子。	四月癸卯封，八年，神爵二年，坐				常山

		賊殺人，上書要上下獄瘐死。師古曰：「要上者，怙親而不服罪也。」				
景成原侯雍	河間獻王子。	四月癸卯封，六年薨。	元康四年，頃侯歐嗣。	釐侯禹嗣。	節侯福嗣，免。	勃海
平隄嚴侯招 師古曰：「隄音丁奚反。」	河間獻王子。	四月癸卯封，一年薨。	三年，繆侯榮嗣。	節侯會世嗣。	釐侯育嗣。	鉅鹿 侯迺始嗣，免。
樂鄉憲侯佟	河間獻王子。	四（年）〔月〕癸卯封，九年薨。	神爵三年，節侯蒯嗣。	頃侯鄧嗣。	釐侯勝嗣。	鉅鹿 侯地緒嗣，免。
高郭節侯瞌 師古曰：「瞌音一蓋反。」	河間獻王子。	四月癸卯封，薨。	孝侯久長嗣。	頃侯菲嗣。師古曰：「菲音斐。」	共侯稱嗣。	哀侯霸嗣，薨，亡後。

		樂望孝侯光	成康侯饒	柳泉節侯強
		膠東戴王子。	膠東戴王子。	膠東戴王子。
		四年二月甲寅封。	二月甲寅封。	二月甲寅封，十七年薨。
	六世 侯發嗣，免。	釐侯林嗣。	侯新嗣，免。	黃龍元年，孝侯建嗣。
		侯起嗣，免。		煬侯萬年嗣。
				侯永昌嗣，免。
鄭 元延元年，侯異衆以霸弟紹封。師古曰：「河間之縣也，音莫。」		北海	北海	南陽

復陽嚴侯延(平)〔年〕師古曰：「復音(力)〔方〕目反。」	長沙頃王子。	元康元年正月癸卯封。	煬侯漢嗣。	侯道嗣，免。		南陽
鍾武節侯度	長沙頃王子。	正月癸卯封。	孝侯宣嗣。	哀侯霸嗣，亡後。		
			元延二年，節侯則以霸叔父紹封。			
高城節侯梁	長沙頃王子。	正月癸卯封。	質侯景嗣。	頃侯諸士嗣。	侯馮嗣，免。	
富陽侯賜	六安夷王子。	二年五月丙戌封，二十八年，建昭二年，坐上書歸印綬免八百戶。				

海昏侯賀	昌邑哀王子。	(二)〔三〕年四月壬子，以昌邑王封，四年，神爵三年薨。坐故行淫辟，不得置後。師古曰：「辟讀曰僻。」	初元三年，釐侯代宗以賀子紹封。	原侯保世嗣。	侯會邑嗣，免，建武後封。	豫章
曲梁安侯敬	平干頃王子。	七月壬子封。	節侯時光嗣。	侯瓠辯嗣，免。		魏郡
遽鄉侯宣	眞定列王子。	四年三月甲寅封，二年薨，亡後。				常山
新利侯偃	膠東戴王子。	神爵元年四月癸巳封，十一年，甘露四年，坐上書謾，免，復更封戶都侯，建始三年又上書謾，免。四百戶。				

樂信頃侯強	廣川繆王子。	三年四月戊戌封。	孝侯何嗣。	節侯賀嗣。	侯涉嗣，免。	鉅鹿
昌成節侯元	廣川繆王子。	四月戊戌封，四年薨。	五鳳三年，頃侯齒嗣。	釐侯應嗣。	質侯江嗣，建平三年薨，亡後。	信都
廣鄉孝侯明	平干頃王子。	七月壬申封。	節侯安嗣。	釐侯周齊嗣。	侯充國嗣，免。	鉅鹿
成鄉質侯慶	平干頃王子。	七月壬申封，九百戶。	節侯霸嗣，鴻嘉三年薨，亡後。			廣平
			元延二年，侯果以霸弟紹封，十九年免。			
平利節侯世	平干頃王子。	四年三月癸丑封。	質侯嘉嗣。	釐侯禹嗣。	侯旦嗣，免。	魏郡
平鄉孝侯(王)〔壬〕	平干頃王子。	三月癸丑封。	節侯成嗣。	侯陽嗣，免。		魏郡

平纂節侯梁	平干頃王子。	三月癸丑封，薨，亡後。				平原
成陵節侯充	平干頃王子。	〔二〕〔三〕月癸丑封，四百一十戶。	侯德嗣，鴻嘉三年，坐弟與後母亂，共殺兄，德知不舉，不道，下獄瘐死。			廣平
西梁節侯闢兵	廣川戴王子。	三月乙亥封，七年薨。	甘露三年，孝侯廣嗣。	哀侯宮嗣。	侯敞嗣，免。	鉅鹿
歷鄉康侯必勝	廣川繆王子。	七月壬子封，五年薨。	甘露元年，頃侯長壽嗣。	繆侯宮嗣。	侯東之嗣，免。	鉅鹿
陽城愍侯田	平干頃王子。	七月壬子封。	節侯賢嗣。	釐侯說嗣。	侯報嗣，免。	

祚陽侯仁	平干頃王子。	五鳳元年四月乙未封，十三年，初元五年，坐擅興繇賦，削爵一級，爲關內侯，九百一十戶。				廣平
武陶節侯朝	廣川繆王子。	七月壬午封。	孝侯弘嗣。	節侯勳嗣。	侯京嗣，免。	鉅鹿
陽興侯昌	河間孝王子。	十二月癸巳封，二十六年，建始二年，坐朝私留它縣，使庶子殺人，棄市。千三百五十戶。				涿郡
利鄉孝侯安	中山頃王子。	甘露元年三月壬辰封。	戴侯遂嗣。	侯(固)〔國〕嗣，免。		常山

都鄉孝侯景	趙頃王子。	二年七月辛未封。	侯溱嗣，免。師古曰：「溱音臻。」			東海
昌慮康侯弘 師古曰：「慮音力於反。」	魯孝王子。	四年閏月丁亥封。	釐侯奉世嗣。	侯蓋嗣，免。		泰山
平邑侯敞	魯孝王子。	閏月丁亥封，二年，初元元年，坐殺一家二人棄市。				東海
山鄉節侯綰	魯孝王子。	閏月丁亥封。	侯丘嗣，免。			東海
建陵靖侯遂	魯孝王子。	閏月丁亥封，一年薨。	黃龍元年，節侯魯嗣。	侯連文嗣，免。		東海
合陽節侯平	魯孝王子。	閏月丁亥封，千一百六十戶。	孝侯安上嗣，建始元年薨，亡後。			東海

東安孝侯強	魯孝王子。	閏月丁亥封。	侯拔嗣，免。			東海
承鄉節侯當師古曰：「承音證。」	魯孝王子。	閏月丁亥封，二千七百戶。	侯德天嗣，鴻嘉二年，坐恐猲國人，受財臧五百以上，免。			東海
建陽節侯咸	魯孝王子。	閏月丁亥封。	孝侯霸嗣。	侯並嗣，免。		東海
高鄉節侯休	城陽惠王子。	十一月壬申封。	頃侯興嗣。	侯革始嗣，免。		琅邪
茲鄉孝侯弘	城陽荒王子。	十一月壬申封。	頃侯昌嗣。	節侯應嗣。	侯宇嗣，免。	琅邪
藉陽侯顯	城陽荒王子。	十一月壬申封，十六年，建昭四年，坐恐猲國民取財物，免。六百戶。				東海
都平愛侯丘	城陽荒王子。	十一月壬申封。	恭侯訢（免）〔嗣〕。	侯堪嗣，免。		東海

橐原侯山	城陽荒王子。	十一月壬申封。	節侯蒻嗣。	侯妾得嗣，薨，亡後。		琅邪
箕㥏侯文 師古曰：「㥏音願，又音原。」	城陽荒王子。	十一月壬申封。	節侯瞵嗣。師古曰：「瞵音鄰。」	侯（欽）〔褒〕嗣，免。		琅邪
高廣節侯勳	城陽荒王子。	十一月壬申封。	哀侯賀嗣。	質侯福嗣。	侯吳嗣，免。	琅邪
卽來節侯佼 師古曰：「佼音狡。」	城陽荒王子。	十一月壬申封。	侯欽嗣，免。			琅邪
右孝宣						
膠鄉敬侯漢	高密哀王子。	初元元年三月丁巳封，七百四十戶。	節侯成嗣，陽朔四年薨，亡後。			琅邪
桃煬侯良	廣川繆王子。	三月封。	共侯敞嗣。	侯狗嗣，免。		鉅鹿

安平釐侯習	長沙孝王子。	三月封。	侯嘉嗣，免。			鉅鹿
陽山節侯宗	長沙孝王子。	三月封。	侯買奴嗣，免。			桂陽
庸釐侯談	城陽荒王子。	三月封，九百一十戶。	侯端嗣，永光二年，坐強姦人妻，會赦，免。			琅邪
昆山節侯光	城陽荒王子。	三月封。	侯儀嗣，免。			琅邪
折泉節侯根	城陽荒王子。	三月封。	侯翊嗣，免。			琅邪
博石頃侯淵	城陽荒王子。	三月封。	侯獲嗣，免。			琅邪
要安節侯勝	城陽荒王子。	三月封。	哀侯守嗣，薨，亡後。			琅邪
房山侯勇	城陽荒王子。	三月封，五十六年薨。				琅邪

式節侯憲	城陽荒王子。	三月封，三百戶。	哀侯霸嗣，鴻嘉元年薨，亡後。			泰山
			元延元年，侯萌以霸弟紹封，十九年免。			
臨鄉頃侯雲	廣陽頃王子。	五年六月封。	侯交嗣，免。			涿
西鄉頃侯容	廣陽頃王子。	六月封。	侯景嗣，免。			涿
陽鄉思侯發	廣陽頃王子。	六月封。	侯度嗣，免。			涿
益昌頃侯嬰	廣陽頃王子。	永光三年三月封。	共侯政嗣。	侯福嗣，免。		涿
羊石頃侯回	膠東頃王子。	三月封。	共侯成嗣。	侯順嗣，免。		北海
石鄉煬侯理	膠東頃王子。	三月封。	侯建國嗣，免。			北海
新城節侯根	膠東頃王子。	三月封。	侯霸嗣，免。			北海

上鄉侯歙 師古曰：「歙音翕。」	膠東頃王子。	三月封，三十九年免。					北海
于鄉節侯定	泗水勤王子。	三月封。	侯聖嗣，免。				東海
就鄉節侯瑋	泗水勤王子。	三月封，七年薨，亡後。					東海
石山節侯玄	城陽戴王子。	三月封。	釐侯嘉嗣，免。				
都陽節侯音	城陽戴王子。	三月封。	侯閎嗣，免。				
參封侯嗣	城陽戴王子。	三月封。	侯般嗣，免。				
伊鄉頃侯遷	城陽戴王子。	三月封，薨，亡後。					
襄平侯疊	廣陽厲王子。	五年三月封，四十七年免。					
貰鄉侯平 師古曰：「貰音式制反。」	梁敬王子。	建昭元年正月封，四年，病狂自殺。					

樂侯義	梁敬王子。	正月封，四年，坐使人殺人，髡爲城旦。				
中鄉侯延年	梁敬王子。	正月封，四十六年薨。				
鄭頃侯罷軍	梁敬王子。	正月封。	節侯駿嗣。	侯良嗣，免。		
黃節侯順	梁敬王子。	正月封。	釐侯申嗣，元壽二年薨，亡後。			濟陰
平樂節侯遷	梁敬王子。	正月封。	侯寶嗣，免。			
菑鄉釐侯就	梁敬王子。	正月封。	侯逢喜嗣，免。			濟南
東鄉節侯方	梁敬王子。	正月封。	侯護嗣，免。			沛
陵鄉侯訢	梁敬王子。	正月封，七年，建始二年，坐使人傷家丞，又貸穀				沛

		息過律，免。師古曰：「以縠貸人而多取其息也。」				
溧陽侯欽師古曰：「溧音栗。」	梁敬王子。	正月封。	侯畢嗣，免。			沛
釐鄉侯固師古曰：「釐音力之反。」	梁敬王子。	正月封，二十一年，鴻嘉四年，坐上書歸印綬，免。四百七十二戶。				沛
高柴節侯發	梁敬王子。	正月封。	釐侯賢嗣。	侯隱嗣，免。		沛
臨都節侯未央	梁敬王子。	正月封。	侯息嗣，免。			
高質侯舜	梁敬王子。	正月封。	釐侯始嗣。	侯便翁嗣，免。		
北鄉侯譚	菑川孝王子。	四年六月封，四十三年免。				

蘭陵節侯宜	廣陵孝王子。	五年十二月封。	共侯譚嗣。	侯便強嗣，免。		
廣平節侯德	廣陵孝王子。	十二月封。	侯德嗣，免。			
博鄉節侯交	六安繆王子。	竟寧元年四月丁卯封。	侯就嗣，免。			
柏鄉戴侯買	趙哀王子。	四月丁卯封。	頃侯雲嗣。	侯譚嗣，免。		
安鄉孝侯喜	趙哀王子。	四月丁卯封。	釐侯胡嗣。	侯合衆嗣，免。		
廣釐侯便	菑川孝王子。	四月丁卯封。	節侯護嗣。	侯宇嗣，免。		齊
平節侯服	菑川孝王子。	四月丁卯封。	侯嘉嗣，免。			齊
右孝元						
昌鄉侯憲	膠東頃王子。	建始二年正月封，三十年，元壽二年，坐使家丞封上印綬，免。				

順陽侯共	膠東頃王子。	正月封，三十九年免。				
樂陽侯獲	膠東頃王子。	正月封，三十九年免。				
平城釐侯邑	膠東頃王子。	正月封。	節侯珍嗣。	侯理嗣，免。		
密鄉頃侯林	膠東頃王子。	正月封。	孝侯欽嗣。	侯敞嗣，免。		
樂都煬侯訢	膠東頃王子。	正月封。	繆侯臨嗣。	侯延年嗣，免。		
卑梁侯都	高密頃王子。	正月封，三十九年免。				
膠陽侯恁 師古曰：「恁音女林反。」	高密頃王子。	正月封，三十九年免。				
武鄉侯慶	高密頃王子。	正月封。	侯勁嗣，免。			

成鄉釐侯安	高密頃王子。	正月封。	侯德嗣，免。			
麗茲共侯賜	高密頃王子。	正月封。	侯放嗣，免。			
賨梁懷侯強	河間孝王子。	正月封，四年薨，亡後。				
廣戚（陽）〔煬〕侯勳	楚孝王子。	河平三年二月乙亥封。	侯顯嗣。	子嬰，居攝元年爲孺子，王莽篡位，爲定安公，莽敗，死。		
陰平釐侯回	楚孝王子。	陽朔二年正月丙午封。	侯詩嗣，免。			
			承鄉 元始元年二月丙午，侯闓以孝王孫封，八年免。			

樂平侯訢	淮陽憲王子。	閏六月壬午封，病狂易，免，元壽二年更封共樂侯。師古曰：「病狂而改易其本性也。」	外黃 元始元年二月丙辰，侯圉以憲王孫封，八年免。			
			高陽 二月丙辰，侯並以憲王孫封，八年免。			
			平陸 二月丙辰，侯寵以憲王孫封，八年免。			

郚鄉侯閔師古曰：「郚音魚，又音吾。」	魯頃王子。	四年四月甲寅封，十七年，建平三年，爲魯王。	辛鄉侯延以頃王孫封，八年免。
建鄉釐侯康	魯頃王子。	四月甲寅封。	侯自當嗣，免。
安丘侯常	高密頃王子。	鴻嘉元年正月癸巳封，二十八年免。	
栗鄉頃侯護	東平思王子。	四月辛巳封。	侯玄成嗣，免。
			金鄉元始元年二月丙辰，侯不害以思王孫封，八年免。

			平通 二月丙辰，侯且以思王孫封，八年免。			
			西安 二月丙辰，侯漢以思王孫封，八年薨。			
			湖鄉 二月丙辰，侯開以思王孫封，八年免。			
			重鄉 二月丙辰，侯少			

			柏以思王孫封，八年（免）〔薨〕。			
桑丘侯頃	東平思王子。	四月辛巳封。	陽興 二月丙辰，侯寄生以思王孫封，八年免。			
			陵陽 二月丙辰，侯嘉以思王孫封，八年免。			
			高樂 二月丙辰，侯修以思王孫封，八年免。			

平邑 二月丙辰，侯閔以思王孫封，八年免。	平纂 二月丙辰，侯況以思王孫封，八年免。	合昌 二月丙辰，侯輔以思王孫封，八年免。	伊鄉 二月丙辰，侯開

			以思王孫封，八年免。			
			就鄉 二月丙辰，侯不害以思王孫封，八年免。			
			膠鄉 二月丙辰，侯武以思王孫封，八年免。			
			宜鄉 二月丙辰，侯恢以思王孫封，八年免。			

			昌城 二月丙辰，侯豐以思王孫封，八年免。			
			樂安 二月丙辰，侯禹以思王孫封，八年免。			
桃鄉頃侯宣	東平思王子。	二年正月戊子封。	侯立嗣，免。			
新陽頃侯永	魯頃王子。	五月戊子封。	侯級嗣，免。			
陵石侯慶	膠東共王子。	四年六月乙巳封，二十五年免。				

祁鄉節侯賢	梁夷王子。	永始二年五月乙亥封。	侯富嗣，免。			
富陽侯萌	東平思王子。	三年三月庚申封，二十三年免。				
曲鄉頃侯鳳	梁荒王子。	六月辛卯封，十七年薨。	侯雲嗣，免。			濟南
桃山侯欽	城陽孝王子。	四年五月戊申封，二十一年免。				
昌陽侯霸	泗水戾王子。	五月戊申封，二十一年免。				
臨安侯閔	膠東共王子。	五月戊申封，二十一年免。				
徐鄉侯炔 師古曰：「炔音桂，字	膠東共王子。	元延元年二月癸卯封，二十一				齊

或作怏。」		年，王莽建國元年，舉兵欲誅莽，死。				
臺鄉侯畛師古曰：「畛音軫。」	菑川孝王子。	二年正月癸卯封，十八年免。				
西陽頃侯並	東平思王子。	四月甲寅封。	侯偃嗣，免。			東萊
堂鄉哀侯㤥	膠東共王子。	綏和元年五月戊午封，三年薨，亡後。				
安國侯吉	趙共王子。	六月丙寅封，十六年免。				
梁鄉侯交	趙共王子。	六月丙寅封，十六年免。				

襄鄉頃侯福	趙共王子。	六月丙寅封。	侯章嗣，免。			
容鄉釐侯強	趙共王子。	六月丙寅封。	侯弘嗣，免。			
縕鄉侯固師古曰：「縕音於粉反。」	趙共王子。	六月丙寅封，十六年免。				
廣昌侯賀	河間孝王子。	六月丙寅封，十六年免。				
都安節侯普	河間孝王子。	六月丙寅封。	侯胥嗣，免。			
樂平侯永	河間孝王子。	六月丙寅封，十六年免。				
方鄉侯常得	廣陽惠王子。	六月丙寅封，十六年免。				
庸鄉侯宰	六安頃王子。	三年七月庚午封，十五年免。				

右孝成

南昌侯宇	河間惠王子。	建平二年五月丁酉封，十二年免。			
嚴鄉侯信	東平煬王子。	五月丁酉封，四年，坐父大逆，免，元始元年復封。六年，王莽居攝二年，東郡太守翟義舉兵，立信爲天子，兵敗，死。			
武平侯璜	東平煬王子。	五月丁酉封，四年，坐父大逆，免，元始元年復封，			

		居攝二年舉兵死。				
陵鄉侯曾	楚思王子。	四年三月丁卯封，至王莽六年，舉兵欲誅莽，死。				
武安侯㥅師古曰：「㥅音受。」	楚思王子。	三月丁卯封，二年，元壽二年，坐使奴殺人免，元始元年復封，八年免。				
湘鄉侯昌	長沙王子。	五月丙午封，十一年免。				
方樂侯嘉	廣陵繆王子。	元壽元年五月乙卯封，十一年免。				

宜禾節侯得	河間孝王子。	二年四月丁酉封。	侯恢嗣，免。			
富春侯玄	河間孝王子。	四月丁酉封，十年免。				
右孝哀						
陶鄉侯恢	東平煬王子。	元始元年二月丙辰封，八年〔免〕。				
釐鄉侯褒	東平煬王子。	二月丙辰封，八年免。				
昌鄉侯且	東平煬王子。	二月丙辰封，八年免。				
新鄉侯鯉	東平煬王子。	二月丙辰封，八年免。				

郚鄉侯光	楚思王子。	二月丙辰封，八年免。				
新（成）〔城〕侯武	楚思王子。	二月丙辰封，八年免。				
宜陵侯豐	楚思王子。	二月丙辰封，八年免。				
堂鄉侯護	楚思王子。	二月丙辰封，八年免。				
成陵侯由	楚思王子。	二月丙辰封，八年免。				
成陽侯衆	楚思王子。	二月丙辰封，八年免。				
復昌侯休	楚思王子。	二月丙辰封，八年免。				

安陸侯平	楚思王子。	二月丙辰封，八年免。					
梧安侯譽	楚思王子。	二月丙辰封，八年免。					
朝鄉侯充	楚思王子。	二月丙辰封，八年免。					
扶鄉侯普	楚思王子。	二月丙辰封，八年免。					
方城侯宣	廣陽繆王子。	二年四月丁酉封，七年免。					
當陽侯益	廣陽思王子。	四月丁酉封，七年免。					

廣城侯（連）〔逴〕師古曰：「（連）〔逴〕音竹二反。」	廣陽思王子。	四月丁酉封，七年免。				
春城侯允	東平煬王子。	四月丁酉封，七年免。				
昭陽侯賞	長沙刺王子。	五年閏月丁酉封，四年免。				
承陽侯景師古曰：「承音烝。字或作丞。」	長沙刺王子。	閏月丁酉封，四年免。				
信昌侯廣	眞定共王子。	閏月丁酉封，四年免。				
呂鄉侯尙	楚思王子。	閏月丁酉封，四年免。				

李鄉侯殷	楚思王子。	閏月丁酉封，四年免。
宛鄉侯隆	楚思王子。	閏月丁酉封，四年免。
壽泉侯承	楚思王子。	閏月丁酉封，四年免。
杏山侯遵	楚思王子。	閏月丁酉封，四年免。

右孝平

校勘記

四八三頁二欄　五格，錢大昭說「縋」不成字，閩本作「緹」。按殿本作「緁」。注「于」，殿本作「千」。

四八七頁二欄　三格「十」，景祐、殿本都作「七」。朱一新說作「七」是。

四八七頁三欄　三格「二」，景祐、殿本都作「三」。

四八七頁五欄　三格「二」，景祐、殿本都作「三」。王先謙說作「三」是。

四八八頁一欄　三格，錢大昭說「乙」當作「己」，下修故侯亦誤。按殿本都作「己」。

四八九頁二欄　三格「三」，景祐、殿本都作「二」。蘇輿說作「二」是。

四九〇頁四欄　三格「四年」，景祐、殿、局本都作「四月」。

四九二頁一欄　一格「平」，景祐本作「年」，殿本脫。注「力」，景祐、殿本都作「方」。

四九三頁一欄　三格，蘇輿說「二年」當作「三年」。按景祐本作「三年」。

四九四頁七欄　一格「王」，殿本作「壬」。王先謙說作「壬」是。

四九五頁二欄　三格「二月」，景祐、殿本都作「三月」。朱一新說作「三月」是。

四九六頁四欄　五格「固」，景祐、殿本都作「國」。

四九八頁七欄　四格「免」，景祐、殿、局本都作「嗣」。朱一新說作「嗣」是。

四九九頁二欄　五格「欽」，錢大昭說閩本作「褒」，朱一新說汪本作「褒」。按景祐、殿本都作「褒」。

五〇七頁四欄　一格，錢大昭說「陽」當作「煬」。按景祐、殿本都作「煬」。

五一一頁一欄　四格，朱一新說汪本「免」作「薨」。按景祐、殿本都作「薨」。

五二〇頁四欄　三格「免」，據景祐、殿、局本補。

五二一頁二欄　一格「成」，景祐、殿本都作「城」。

五二三頁一欄　一格，錢大昭說「逮」不成字，汪本作「逮」。按景祐、殿本都作「逮」。

漢書卷十六

高惠高后文功臣表第四

自古帝王之興，曷嘗不建輔弼之臣所與共成天功者乎！〔一〕漢興自秦二世元年之秋，楚陳之歲，〔二〕初以沛公總帥雄俊，三年然後西滅秦，立漢王之號，五年東克項羽，即皇帝位，八載而天下乃平，始論功而定封。訖十二年，侯者百四十有三人。時大城名都民人散亡，戶口可得而數裁什二三，〔三〕是以大侯不過萬家，小者五六百戶。封爵之誓曰：「使黃河如帶，泰山若厲，國以永存，爰及苗裔。」〔四〕於是申以丹書之信，重以白馬之盟，〔五〕又作十八侯之位次。〔六〕高后二年，復詔丞相陳平盡差列侯之功，錄弟下竟，臧諸宗廟，副在有司。〔七〕始未嘗不欲固根本，而枝葉稍落也。

〔一〕師古曰：「天功，天下之功業也。虞書舜典曰『欽哉，惟時亮天功』也。」

〔二〕師古曰：「謂陳涉自稱楚王時也。」

〔三〕師古曰：「裁與纔同，十分之內纔有二三也。」

〔四〕應劭曰：「封爵之誓，國家欲使功臣傳祚無窮也。帶，衣帶也。厲，砥厲石也。河當何時如衣帶，山當何時如厲石，言如帶厲，國猶永存，以及後世之子孫也。」

〔五〕師古曰：「丹書，解在高紀。白馬之盟，謂刑白馬歃其血以爲盟也。」

〔六〕孟康曰：「唯作元功蕭、曹等十八人位次耳。高后乃詔作位次下竟。」師古曰：「謂蕭何、曹參、張敖、周勃、樊噲、酈商、奚涓、夏侯嬰、灌嬰、傅寬、靳歙、王陵、陳武、王吸、薛歐、周昌、丁復、蟲達，從第一至十八也。」

〔七〕師古曰：「副，貳也。其列侯功籍已藏於宗廟，副貳之本又在有司。」

故逮文、景四五世間，流民既歸，戶口亦息，列侯大者至三四萬戶，小國自倍，〔一〕富厚如之。〔二〕子孫驕逸，忘其先祖之艱難，多陷法禁，隕命亡國，〔或〕〔云〕〔亡〕子孫。訖於孝武後元之年，靡有孑遺，耗矣。〔三〕罔亦少密焉。〔四〕故孝宣皇帝愍而錄之，乃開廟臧，覽舊籍，詔令有司求其子孫，咸出庸保之中，〔五〕並受復除，或加以金帛，〔六〕用章中興之德。

〔一〕師古曰：「自倍者，謂舊五百戶，今者至千也。曹參初封萬六百戶，至後嗣侯宗免時，有戶二萬三千，是爲戶口蕃息故也。它皆類此。」

〔二〕師古曰：「言其貲財亦稍富厚，各如戶口之多也。」

〔三〕孟康曰：「耗音毛。無有毛米在者也。」師古曰：「孟音是也，而解非也。孑然，獨立貌，言無有獨存者，至於耗盡也。今俗語猶謂無爲耗，音毛。」

〔四〕服虔曰：「法罔差益密也。」

〔五〕師古曰：「庸，〔寶〕功庸也；保，可安信也：皆質作者也。」

〔六〕師古曰：「復音方目反。」

降及孝成，復加卹問，稍益衰微，不絕如綫。〔一〕善乎，杜業之納說也！曰：「昔唐以萬國致時雍之政，〔二〕虞、夏以(之)多羣后饗共己之治。〔三〕湯法三聖，殷氏太平。〔四〕周封八百，重譯來賀。〔五〕是以內恕之君樂繼絕世，隆名之主安立亡國，〔六〕至於不及下車，德念深矣。〔七〕成王察牧野之克，顧羣后之勤，知其恩結於民心，功光於王府也，故追述先父之志，錄遺老之策，高其位，大其寓，〔八〕愛敬飭盡，命賜備厚。〔九〕大孝之隆，於是爲至。至其沒也，世主歎其功，無民而不思。所息之樹且猶不伐，〔一〇〕況其廟乎？是以燕、齊之祀與周並傳，子繼弟及，歷載不墮。〔一一〕豈無刑辟，繇祖之竭力，故支庶賴焉。〔一二〕迹漢功臣，亦皆剖符世爵，受山河之誓，存以著其號，亡以顯其魂，賞亦不細矣。百餘年間而襲封者盡，或絕失姓，或乏無主，朽骨孤於墓，苗裔流於道，生爲愍隸，死爲轉尸。〔一三〕以往況今，甚可悲傷。〔一四〕聖朝憐閔，詔求其後，四方忻忻，靡不歸心。出入數年而不省察，恐議者不思大義，設言虛亡，則厚德掩息，遴柬布章，〔一五〕非所以視化勸後也。〔一六〕三人爲衆，雖難盡繼，宜從尤功。」〔一七〕於是成帝復紹蕭何。

〔一〕晉灼曰：「綫，今線縷字也，音先戰反。」

〔二〕師古曰：「雍，和也。堯典云『黎萌於變時雍』，故杜業引之也。」

〔三〕師古曰：「羣后謂諸侯也。恭己，無爲也。孔子曰：『無爲而治者，其舜也歟！夫何爲哉？恭己正南面而已。』共讀曰恭。」

〔四〕師古曰：「三聖謂堯、舜、禹也。」

〔五〕師古曰：「重譯謂越裳氏也。」

〔六〕師古曰：「以立亡國之後爲安泰也。」

〔七〕張晏曰：「謂武王入殷，未及下車，封黃帝之後於薊，虞舜之後於陳也。」

〔八〕師古曰：「寓謂啓土所居也。」

〔九〕師古曰：「飭，謹也，讀與敕同。」

〔一〇〕師古曰：「謂召伯止於甘棠之下而聽訟，人思其德，不伐其樹，召南甘棠之詩是也。」

〔一一〕師古曰：「弟代兄位謂之及。墮，毀也，音火規反。」

〔一二〕師古曰：「言國家非無刑辟，而功臣子孫得不陷罪辜而能長存者，思其先人之力，令有續嗣也。繇讀與由同。」

〔一三〕應劭曰：「死不能葬，故屍流轉在溝壑之中。」師古曰：「愍隸者，言爲徒隸，可哀愍之也。」

〔一四〕師古曰：「況，譬也。」

〔一五〕晉灼曰：「許愼云『遴，難行也』。柬，古簡字也。簡，少也。言今難行封，則得繼絕者少，若然，此必布聞彰於天下也。」師古曰：「遴讀與吝同。」

〔一六〕師古曰：「視讀與示同。」

〔七〕孟康曰：「言人三爲衆，雖難盡繼，取其功尤高者〔三〕〔一〕人繼之，於名爲衆矣。」服虔曰：「尤功，封重者一人也。」

師古曰：「孟說是也。」

哀、平之世，增修曹參、周勃之屬，得其宜矣。以綴續前記，究其本末，并序位次，盡于孝文，以昭元功之侯籍（云）。〔一〕

〔一〕師古曰：「籍謂名錄也，高紀所云通侯籍也。」

號謚姓名	侯狀戶數	始封	位次	子	孫	曾孫	玄孫
平陽懿侯曹參	以中涓從起沛，至霸上，侯。以將軍入漢，以假左丞相定魏、齊，以右丞相侯，萬六百戶。師古曰：「中涓，親近之臣，若謁者、舍人之類也。涓，潔也，主居中	六年十二月甲申封，十二年薨。	孟康曰：「曹參位第二而表在首，蕭何位第一而表在十三，表以封前後故也。」	孝惠六年，靖侯窋嗣，二十九年薨。	孝文後四年，簡侯奇嗣，七年薨。	孝景四年，夷侯時嗣，二十三年薨。	元光五年，共侯襄嗣，十六年薨。

掃潔也。涓音工玄反。」

六世 元鼎二年，侯宗嗣，二十年，征和二年，坐與中人姦，闌入宮掖門，入財贖完為城旦。戶二萬三千。

七世 元康四年，參玄孫之孫杜陵公乘喜詔復家。孟康曰：「諸復家皆世世無所與，得傳同產子。」

八世

九世 元壽二年五月甲子，侯本始以參玄孫之玄孫杜陵公士紹封，千戶，元始元年益滿二千戶。

十世 建武二年，侯宏嗣，以本(治)〔始〕子舉兵佐軍，紹封。

十一世 侯曠嗣，今見。

信武肅侯靳歙師古曰：「歙音翕。」	以中涓從起宛朐，入漢，以騎都尉定三秦，擊項籍，別定江漢，侯，五千三百戶。以將軍攻豨、布。	十二月甲申封，九年薨。	十一	高后六年，侯亭嗣，二十一年，孝文後三年，坐事國人過律，免。師古曰：「事謂役使之也。」	孫	曾孫	玄孫
				六世 元康四年，歙玄孫之子長安上造安漢詔復家。			
汝陰文侯夏侯嬰	以令史從降沛，為太僕，常奉車，竟定天下，及全	十二月甲申封，三十年薨。	八	孝文九年，夷侯竈嗣，七年薨。	十六年，共侯賜嗣，四十一年薨。	元光(三)〔二〕年，侯頗嗣，十八年，元鼎二年，坐	玄孫

	皇太子、魯元公主，侯，六千九百戶。					尚公主與父御〔婢〕姦，自殺。	
				六世 元康四年，嬰玄孫之子長安大夫信詔復家。			
清河定侯王吸	以中涓從起豐，至霸上，為騎郎將，入漢，以將軍擊項籍，侯，二千二百戶。	十二月甲申封，二十三年薨。	十四	孝文元年，哀侯彊嗣。七年薨。	八年，孝侯伉嗣，二十年薨。師古曰：「伉音口浪反，又音工郎反。」	孝景五年，哀侯不害嗣，十九年，元光二年薨，亡後。	元康四年，吸玄孫長安大夫充國詔復家。
				元壽二年八			

				月，詔賜吸代後爵關內侯，不言世。			
陽陵景侯傅寬	以舍人從起橫陽，至霸上，爲騎將，入漢，定三秦，屬淮陰，定齊，爲齊丞相，侯，二千六百戶。	十二月甲申封，十二年薨。	十 位次曰武忠侯。師古曰：「漢列侯位次簿有謚號姓名與史所記不同者，表則具載矣。」	孝惠六年，頃侯清嗣，二十（四）〔二〕年薨。	孝文十五年，共侯明嗣，〔二〕十二年薨。	孝景四年，侯偃嗣，三十一年，元狩元年，坐與淮南王謀反，誅。	玄孫
				六世	七世 元康四年，寬玄孫之孫長陵士		

					伍景詔復家。		
廣嚴侯召歐師古曰：「召讀曰邵。歐音烏后反。它皆類此。」	以中涓從起沛，至霸上，爲連敖，入漢，以騎將定燕、趙，得燕將軍，侯，二千二百戶。	十二月甲申封，二十三年薨。	二十八	孝文二年，戴侯勝嗣，九年薨。	十一年，共侯嘉嗣，十三年，孝文後七年薨，亡後。	曾孫	元康四年，歐玄孫安陵大夫不識詔復家。
廣平敬侯薛歐	以舍人從起豐，至霸上，爲郎，入漢，以將軍擊項籍將鍾離眛，侯，四千五百戶。	十二月甲申封，十四年薨。	十五	高后元年，靖侯山嗣，二十六年薨。	平棘 孝文後三年，侯澤嗣，孝景中三年，有罪，免。中五年，澤復封，三十三年薨，諡	元朔四年，侯穰嗣，三年，元狩元年，坐受淮南賂稱臣，在赦前，免。	元康四年，歐玄孫長安大夫去病詔復家。

					曰節侯。	
博陽嚴侯陳濞	以舍人從碭，以刺客將入漢，以都尉擊項羽滎陽，絕甬道，殺追士卒，侯。師古曰：「楚軍追漢兵者，濞殺其士卒也。」	十二月甲申封，三十年薨。	十九	塞　孝文後三年，侯始嗣，九年，坐謀殺人，會赦，免。孝景中五年，始復封，二年，後元年，有罪，免。	孫	元康四年，濞曾孫茂陵公乘壽詔復家。
堂邑安侯陳嬰	以自定東陽爲將，屬楚項梁，爲楚柱國。四歲，項羽死，屬漢，定豫章、浙江，都漸，定自爲王壯息，侯，	十二月甲申封，(六)〔十八〕年薨。	八十六	高后五年，共侯祿嗣，十八年薨。	孝文三年，侯午嗣，尚館陶公主，四十八年薨。	元光六年，侯季須嗣。十三年，元鼎元年，坐母公主卒未除服姦，兄弟爭財，當死，自殺。

六百戶。復相楚元王十二年。

師古曰：「漸，水名。在丹陽黝縣南蠻中。嬰既定諸地而都之，時又有壯息者，稱僭王，嬰復討平也。」

隆慮

孝景中五年，侯融以長公主子侯，萬五千戶，二十九年，坐母喪未除服姦，自殺。

	曲逆獻侯陳平	
	以故楚都尉，漢王二年初起修武，為都尉，以護軍中尉出奇計，定天下，侯，五千戶。	
	十二月甲申封，二十四年薨。	
	四十七	
六世 元康四年，嬰玄孫之子霸陵公士尊詔復家。	孝文三年，共侯買嗣，二年薨。	六世 元康四年，平玄孫之子長安簪褭莫詔
	五年，簡侯悝嗣，二十二年薨。	元始二年，詔賜平代後者鳳爵關內侯，不
	孝景五年，侯何嗣，二十三年，元光五年，坐略人妻，棄市。戶萬六千。	

復家。

言世。

留文成侯張良	
以廄將從起下邳，以韓申都下韓，入武關，設策降秦王嬰，解上與項羽隙，請漢中地，常爲計謀，侯，萬戶。師古曰：「韓申都即韓王信也，楚漢春秋作信都。古信申同義。」	
正月丙午封，十六年薨。	
六十二 師古曰：「高祖自云（傳）〔得〕天下由張良，稱其才也。敍位次，乃以曹參比蕭何，校其勤也。至如戶數多少，或以才德，或以功勞，亦無定也。故稱蕭何功第一，戶唯八千。張良食萬戶，而位過六十。它皆類此。」	
高后三年，侯不疑嗣，十年，孝文五年，坐與門大夫殺故楚內史，贖爲城旦。師古曰：「門大夫，侯之屬官也。」	
孫	
曾孫	
玄孫	

				六世　元康四年，良玄孫之子陽陵公乘千秋詔復家。			
射陽侯劉纏 師古曰：「卽項伯也。射字或作貰者，後人改也。」	兵初起，與諸侯共擊秦，爲楚左令尹。漢王與項羽有隙於鴻門，纏解難，以破羽降漢，侯。	正月丙午封，九年，孝惠三年薨。嗣子睢有罪，不得代。					
酇文終侯蕭何 師古曰：「酇音贊。」	以客初從入漢，爲丞相，守蜀及關中，給軍食，佐定諸侯，爲法令	正月丙午封，九年薨。	一	孝惠三年，哀侯祿嗣，六年薨，亡後。高后二年，封何夫			

宗廟，侯，八千戶。		
人祿母同爲侯，孝文元年罷。	筑陽　高后二年，定侯延以何少子封，孝文元年更爲鄼，二年薨。師古曰：「筑音逐。」	
	煬侯遺嗣，一年薨，亡後。	武陽　五年，侯則以何孫遺弟紹封，二

					十年有罪，免。二萬六千戶。		
					孝景二年，侯嘉以則弟紹封，二千戶，七年卒。	中二年，侯勝嗣，二十一年，坐不齋，耐爲隸臣。師古曰：「謂當侍祠而不齋也。」	
						酇 元狩三年，共侯慶以何曾孫紹封，二千四百戶，三年薨。	六年，侯壽成嗣，十年，坐爲太常犧牲瘦，免。
							地節四年，安侯建世以何玄孫

	六世 甘露二年，思侯輔嗣。	六世 永始元年七月癸卯，釐侯喜以何玄孫之子南䜌長紹封，三年薨。師古曰：「䜌音力全反，鉅鹿之縣也。」
	七世 侯獲嗣，永始元年，坐使奴殺人，減死，完爲城旦。	七世 永始四年，質侯尊嗣，五年薨。
		八世 綏和元年，質侯章嗣，元始元年，益封滿二千戶，十三年薨。
紹封，十四年薨。		九世 王莽居攝元年，侯禹嗣，建國元年更爲蕭鄉侯，莽敗，絕。

絳武侯周勃

以中涓從起沛，至霸上，侯。定三秦，食邑，爲將軍，入漢，定隴西，擊項籍，守嶢關，定泗水、東海，侯，八千一百戶。

正月丙午封，三十三年薨。

四

孝文十二年，侯勝之嗣，六年，有罪，免。

修

後〔二〕〔三〕年，侯亞夫以勃子紹封，十八年，有罪，免。

師古曰：「修讀曰條。」

平曲

孝景後元〔元〕

元朔五年，侯建德嗣，

元康四年，勃曾孫槐里公乘廣

元始二年，侯共以勃玄孫紹封，

	舞陽武侯樊噲	
	以舍人起沛，從至霸上，爲侯。以郎入漢，定三秦，爲將軍，擊項籍，再益封。從破燕，執韓信，侯，五千戶。	
	正月丙午封，十三年薨。	
	五	
年，共侯堅以勃子紹封，十九年薨。	孝惠七年，侯伉嗣，九年，高后八年，坐呂氏誅。師古曰：「伉音口浪反，又音岡。」	孝文元年，荒侯市人以噲子紹封，二十九年薨。
十二年，元鼎五年，坐酎金免。		（老）〔孝〕景七年，侯它廣嗣，中六年，坐非子免。
漢詔復家。		元康四年，噲曾孫長陵不更勝客詔復家。師古曰：「不更，爵名。勝客，其人名。」
千戶。		玄孫

	曲周景侯酈商	
	以將軍從起岐，攻長社以南，別定漢及蜀，定三秦，擊項籍，侯，四千八百戶。	
	正月丙午封，二十二年薨。	
	六	
六世 元始二年，侯章以噲玄孫之子紹封，千戶。	孝文元年，侯寄嗣，三十二年，有罪，免。戶萬八千。	繆 孝景中三年，靖侯堅紹封。
		元光四年，康侯遂成嗣。
		懷侯世宗嗣。
		元鼎二年，侯終根嗣，二十九年，後二年，祝詛上，腰斬。

	潁陰懿侯灌嬰	
	以中涓從起碭，至霸上，爲昌文君，入漢，定三秦，食邑。以將軍屬韓信，定齊、淮南及八邑，殺項籍，侯，五千戶。	
	正月丙午封，二十六年薨。	
	九	
六世 元康四年，商玄孫之子長安公士共詔復家。	孝文五年，平侯何嗣，二十八年薨。	
元始二年，詔賜商代後者猛友爵關內侯。	孝景中三年，侯彊嗣，十三年，有罪，免。戶八千四百。	臨汝 元光二年，侯賢以嬰
		元康四年，嬰曾孫長安官首匿詔復家。
		元壽二年八月，詔賜嬰代後者誼爵關內侯。

	汾陰悼侯周昌	
	初起，以職志擊秦，入漢，出關，以內史堅守敖倉，以御史大夫侯，比淸陽侯。如淳曰：「職志，官名，主旗幟也。」師古曰：「志音式吏反。」	
	正月丙午封，十年薨。	
	十六	
	孝惠四年，哀侯開方嗣，十六年薨。	
孫紹封，九年，元朔五年，坐子傷人首匿，免。千戶。	孝文前五年，侯意嗣，十三年，坐行賕，髡爲城旦。	安陽 孝景中二年，侯左車
師古曰：「官首，爵名；匿，其人名也。」		元康四年，昌曾孫沃侯國士伍明詔復家。

	梁鄒孝侯武虎	
	兵初起，以謁者從擊破秦，入漢，定三秦，出關，以將軍擊定諸侯，比博陽侯，二千八百戶。	
	正月丙午封，十一年薨。	
	二十	
	孝惠五年，侯最嗣，五十八年薨。	六世 元康四年，虎玄孫之子夫夷侯國公乘充竟詔復家。
以昌孫紹封，八年，建元元年，有罪，免。	元光三年，頃侯嬰齊嗣，二十年薨。	
師古曰：「明舊有官爵，免爲士伍而屬沃侯之國也。」	元鼎四年，侯山柎嗣，一年，坐酎金免。師古曰：「柎音膚。其字從木。」	
	玄孫	

成敬侯董渫 師古曰：「渫音先列反。字或作緤。」	初起以舍人從擊秦，爲都尉，入漢，定三秦，出關，以將軍定諸侯，比厭次侯，二千八百戶。	正月丙午封，七年薨。	二十五	節氏 孝惠元年，康侯赤嗣，四十四年，有罪，免。戶五千六百。孝景中五年，赤復封，八年薨。	建元四年，共侯罷軍嗣，五年薨。	元光三年，侯朝嗣，十二年，元狩三年，坐爲濟南太守與城陽王女通，耐爲鬼薪。	元康四年，渫玄孫平陵公乘詘詔復家。
蓼夷侯孔聚	以執盾前元年從起碭，以左司馬入漢，爲將軍，三以都尉擊項籍，屬韓信，侯。師古曰：「前元年，謂初起之年，即秦胡亥元年。後皆類此。擊項	正月丙午封，三〔十〕年薨。	三十	孝文九年，侯臧嗣，四十五年，元朔三年，坐爲太常衣冠道橋壞不得度，免。師古曰：「游衣冠之道。」	孫	曾孫	元康四年，聚玄孫長安公士宣詔復家。

	費侯陳賀師古曰：「費音扶味反。說者以爲季氏邑，非也。」	
籍者，即楚漢春秋及史記所謂孔將軍居左者。」	以舍人前元年從起碭，以左司馬入漢，用都尉屬韓信，擊項籍，爲將軍，定會稽、浙江、湖陵，侯。	
	正月丙午封，二十二年薨。	
	三十一	
	孝文元年，共侯常嗣，二十四年薨。	巢 孝景中六年，侯最以賀子紹封，二年薨，亡後。
	孝景二年，侯偃嗣，八年，有罪，免。	
		元康四年，賀曾孫茂陵上造僑詔復家。

陽夏侯陳豨	以特將將卒五百人前元年從起宛朐，至霸上，爲游擊將軍，別定代，破臧荼侯。	正月丙午封，十年，以趙相國反，自爲王，十二年，誅。					
隆慮克侯周竈	以卒從起碭，以連敖入漢，以長鉟都尉擊項籍，侯。如淳曰：「連敖，楚官。左傳楚有連尹、莫敖，其後合爲一官號。」師古曰：「長鉟，長刃兵也，爲刀而劍形。史記作長鈹，鈹亦刀耳。鉟音丕。鈹音披。」	正月丁未封，三十九年薨。	三十四	孝文後二年，侯通嗣，十二年，孝景中元年，有罪，完爲城旦。	孫	曾孫	元康四年，竈玄孫陽陵公乘詔復家。

陽都敬侯丁復師古曰：「復音扶目反。」	陽信胡侯呂青	
以越將從起薛，至霸上，以樓煩將入漢，定三秦，屬周呂侯，破龍且彭城，爲大司馬，破項籍葉，爲將軍，忠臣，侯，七千八百戶。	以漢五年用令尹初從，功比堂邑侯，千戶。	
正月戊申封，十九年薨。	正月壬子封，十年薨。	
十七	八十七	
高后六年，趮侯甯嗣，十(三)〔二〕年薨。師古曰：「趮，古躁字也。」	孝惠四年，頃侯臣嗣，十八年薨。	六世　中三年，侯談嗣，三十五年，元鼎五年，坐
孝文十年，侯安城嗣，十五年，孝景二年，有罪，免。戶萬七千。	孝文七年，懷侯義嗣，二年薨。	
元康四年，復曾孫臨沂公士賜詔復家。	九年，惠侯它嗣，十九年薨。	
	孝景五年，共侯善嗣，五年薨。	元康四年二月，青玄孫長陵大夫陽詔復家。

				酎金免。			
東武貞侯郭蒙	以戶衞起薛，屬周呂侯，破秦軍杠里，陷楊熊軍曲遇，入漢，爲城將，定三秦，以都尉堅守敖倉，爲將軍破項籍，侯，三千戶。師古曰：「城將，將築城之兵也。」	正月戊午封，十九年薨。	四十一	高后六年，侯它嗣，三十一年，孝景六年，有罪，棄市。戶萬一百。	孫	曾孫	元康四年，蒙玄孫茂陵公士廣漢詔復家。
汁防肅侯雍齒 (師古)〔如淳〕曰：「汁音什。防音方。」	以趙將前三年從定諸侯，二千五百戶，功比平定侯。齒故沛豪，	三月戊子封，九年薨。	五十七	孝惠三年，荒侯鉅鹿嗣，三十八年薨。	孝景三年，侯野嗣，十年薨。	終侯桓嗣，不得年，元鼎五年，坐酎金免。	

	棘蒲剛侯陳武	鄀昌嚴侯朱軫	
有力，與上有隙，故晚從。	以將軍前元年將卒二千五百人起薛，別救東阿，至霸上，(二)〔二〕歲十月入漢，擊齊歷下軍臨(葘)〔菑〕侯。	以舍人前元年從起沛，以隊帥先降翟王，虜章邯，侯。	
	三月丙申封，〔四〕〔三〕十八年，孝文後元年薨。子奇反，誅，不代。	三月庚子封，十四年薨。	
	十三	二十三	
	子	高后元年，剛侯率嗣，十五年薨。	
	孫	孝文八年，夷侯詘嗣，十六年薨。	
	元康四年，武曾孫雲陽上造嘉詔復家。	孝景元年，共侯偃嗣，二年薨。	
		三年，侯辟彊嗣，五年中元年薨，亡後。	元康四年，軫玄孫昌侯國公士

							先詔復家。
武彊嚴侯嚴不職	以舍人從起沛，(公)至霸上，以騎將入漢，還擊項籍，屬丞相甯，功侯。用將軍擊黥布，侯。	三月庚子封，二十年薨。	三十三	高后七年，簡侯嬰嗣，十九年薨。	孝文後二年，侯青翟嗣，四十七年，元鼎二年，坐為丞相建御史大夫(陽)〔湯〕不直，自殺。師古曰：「以獄建之意而不直也。」	元康四年，不職曾孫長安公乘仁詔復家。	
貰齊合侯傅胡害	以越戶將從破秦，入漢，定三秦，	三月庚子封，二年薨。	三十六	八年，共侯方山嗣，二十年	孝文元年，煬侯赤嗣，	十二年，康侯遺嗣，四十四年薨。	元朔五年，侯猜嗣，八年，元鼎元

師古曰：「蕢音式制反。」			海陽齊信侯搖毋餘
以都尉擊項籍，侯，六百戶，功比臺侯。			以越隊將從破秦，入漢，定三秦，以都尉擊項籍，侯，千七百戶。
			三月庚子封，九月薨。
			三十七
薨。		元壽（一）〔二〕年八月，詔賜胡害爲後者爵（太）〔大〕上造。	孝惠三年，哀侯昭襄嗣，九年薨。
十一年薨。			高后五年，康侯建嗣，三十年薨。
			孝景四年，哀侯省嗣，十年薨，亡後。
年，坐殺人，棄市。	元康四年，胡害玄孫茂陵公士世詔復家。		玄孫

				六世 元康四年，毋餘玄孫之子不更未央詔復家。	元壽二年八月，詔賜毋餘代後者爵關內侯。	
南安嚴侯宣虎	以河南將軍漢王三年降晉陽，以重將破臧荼，侯，九百戶。師古曰：「重將者，主將領輜重也。重音直用反。一曰持重之將也，音直勇反。」	三月庚子封，三十年薨。	六十三	孝文九年，共侯戎嗣，十一年薨。	後四年，侯千秋嗣，十一年，孝景中元年，坐傷人，免。戶二千一百。	元康四年，虎曾孫南安簪褭護詔復家。
肥如敬侯蔡寅	以魏太僕漢王三年初從，以車騎將軍破龍且	三月庚子封，二十四年薨。	六十六	孝文三年，嚴侯戎嗣，十四年薨。	後元年，侯奴嗣，七年，孝景元年	元康四年，寅曾孫肥如大夫福詔復家。

	及彭城,侯,千戶。				薨,亡後。		
曲成圉侯蟲達	以西城戶將三十七人從起碭,至霸上,爲執金吾,五年,爲二隊將,屬周呂侯,入漢,定三秦,以都尉破項籍陳下,侯,四千戶。以將軍擊燕、代。	三月庚子封,二十二年薨。	十八 位次曰夜侯恆。	孝文元年,侯捷嗣,八年,有罪,免。十四年,捷復封,十八年,復免。戶九千三百。孝景中五年,侯捷復封,五年薨。	建元二年,侯皇柔嗣,二十四年,元鼎二年,坐爲汝南太守知民不用赤側錢爲賦,爲鬼薪。師古曰:「赤側解在食貨志。時並令以充賦,而汝南不遵詔令。」	曾孫	元康四年,達玄孫茂陵公乘宣詔復家。

	南安嚴侯宣虎	肥如敬侯蔡寅
	以河南將軍漢王三年降晉陽，以重將破臧荼，侯，九百戶。師古曰：「重將者，主將領輜重也。重音直用反。一曰持重之將也，音直勇反。」	以魏太僕漢王三年初從，以車騎將軍破龍且
	三月庚子封，三十年薨。	三月庚子封，二十四年薨。
	六十三	六十六
六世 元康四年，毋餘玄孫之子不更未央詔復家。	孝文九年，共侯戎嗣，十一年薨。	孝文三年，嚴侯戎嗣，十四年薨。
元壽二年八月，詔賜毋餘代後者爵關內侯。	後四年，侯千秋嗣，十一年，孝景中元年，坐傷人，免。戶二千一百。	後元年，侯奴嗣，七年，孝景元年
	元康四年，虎曾孫南安簪褭護詔復家。	元康四年，寅曾孫肥如大夫福詔復家。

河陽嚴侯陳涓	以卒前元年起碭從，以二隊將入漢，擊項籍，得梁郎將處，侯。以丞相定齊。	三月庚子封，二十二年薨。	二十九	孝文元年，信嗣，三年，坐不償人責過六月，免。	孫	曾孫	元康四年，涓玄孫卽丘公士元詔復家。
淮陰侯韓信	初以卒從項梁，梁死，屬項羽爲郎中，至咸陽，亡從入漢，爲連敖票客。蕭何言信，爲大將軍，別定魏、趙，爲齊王，徙楚，擅發兵，廢爲侯。師古曰：「高紀及信傳並云爲治粟都尉，	六年封，五年，十一年，坐謀反誅。					

	而此云票客，參錯不同。或者以其票疾而賓客禮之，故云票客也。票音頻妙反。」						
芒侯耏跖師古曰：「耏音而。左氏傳曰宋耏班。跖音之亦反。」	以門尉前元年初起碭，至霸上，爲定武君，入漢，還定三秦，爲都尉擊項羽，功侯。	六年封，三年薨，亡後。		張 九年，侯昭嗣，四年，有罪，免。孝景三年，詔以故列侯將兵擊吳楚，復封。	侯申嗣，元朔六年，坐尚南宮公主不敬，免。師古曰：「景帝女也。」		
敬市侯閻澤赤	以執盾初起從入漢，爲河上守，遷爲殷相，擊項籍，侯，千戶，功比平定侯。	四月癸未封，三年薨。	五十五	九年，夷侯無害嗣，三十八年薨。	孝文後四年，戴侯續嗣，八年薨。	孝景五年，侯轂嗣，四十年，元鼎五年，坐酎金免。	

				六世 元康四年，澤赤玄孫之子長安上造章世詔復〔家〕。			
柳丘齊侯戎 賜	以連敖從起薛，以三隊將入漢，定三秦，以都尉破項籍軍，爲將軍，侯，八千戶。	六月丁亥封，十八年薨。	三十九	高后五年，侯安國嗣，三十年薨。	孝景四年，敬侯嘉成嗣，十年薨。	後元年，侯角嗣，有罪，免。戶三千。	元康四年，賜玄孫長安公士元生詔復家。
魏其嚴侯周 止	以舍人從起沛，以郎中入漢，爲周信侯，定三秦，以爲騎郎將，破項籍東城，侯，千	六月丁亥封，十八年薨。	四十四	高后五年，侯簡嗣，二十九年，孝景三年，謀反，誅。戶三千。	孫	曾孫	元康四年，止玄孫長陵不更廣世詔復家。

	戶。						
祁穀侯繒賀	以執盾漢王三年初起從晉陽，以連敖擊項籍。漢王敗走，賀擊楚追騎，以故不得進。漢王顧謂賀祁王。戰彭城，斬項籍，爭惡，絕延壁，侯，千四百戶。師古曰：「謂之祁王，蓋嘉其功，故寵號之，許以爲王也。爭惡，謂爭險惡地。延壁，壁壘之名也。」	六月丁亥封，三十三年薨。	五十一	孝文十二年，頃侯胡嗣，十七年薨。	孝景六年，侯它嗣，十九年，元光二年，坐射擅罷，免。師古曰：「方大射而擅自罷去也。」	曾孫	元康四年，賀玄孫茂陵公大夫賜詔復家。

平悼侯工師喜	初以舍人從擊破秦，以郎中入漢，以將軍定諸侯，守雒陽，侯，比費侯賀，千三百戶。	六月丁亥封，六年薨。	三十二 位次曰聊城侯。	十二年，靖侯奴嗣，三十一年薨。	孝文十六年，侯執嗣，十九年，孝景中五年，坐匿死罪，會赦，免。戶三千三百。		
魯侯奚涓	以舍人從起沛，至咸陽為郎，入漢，以將軍定諸侯，四千八百戶，功比舞陽侯，死軍事。	重平 六年，侯涓亡子，封母底為侯，十九年薨。	七				
城父嚴侯尹恢	初以謁者從入漢，以將軍擊定	六年封，九年薨。	二十六	孝惠三年，侯開方嗣，七年，	孫	曾孫	玄孫

	諸侯，以右丞相備守淮陽，功比厭次侯（頃侯諸甚），二千戶。			高后三年，奪爵爲關內侯。			
				六世 元康四年，恢玄孫之子新豐簪褭殷詔復家。			
任侯張越	以騎都尉漢五年從起東垣，擊燕、代，屬雍齒，有功，爲車騎將軍。	六年封，十六年，高后三年，坐匿死罪，免。戶七百五十。					
棘丘侯襄	以執盾隊史前	六年封，十					

	元年從起碭，破秦，治粟內史入漢，以上郡守擊定西魏地，功侯。	四年，高后元年，有罪，免。戶九百七十。					
河陵頃侯郭亭	以連敖前元年從起單父，以塞路入漢，還定三秦，屬周呂侯，以都尉擊項籍，功侯。師古曰：「塞路者，主遮塞要路，以備敵寇也。」	七月庚寅封，二十四年薨。	二十七	孝文三年，惠侯歐嗣，二十二年薨。	孝景二年，勝侯客嗣，八年，有罪，免。		
					南 中六年，靖	元光六年，侯則嗣，十七年，元鼎	元康四年，亭玄孫茂陵公乘賢

	昌武靖信侯單究	
	初以舍人從，以郎入漢，定三秦，以郎騎將軍擊諸侯，侯，九百戶，功比魏其侯。	
	七月庚寅封，十三年薨。	
	四十五	
	孝惠六年，惠侯如意嗣，四十三年薨。	六世
侯延居紹封，十五年薨。	孝景中元四年，侯賈成嗣，十六年薨。	七世 元康四年，究玄孫之孫陽陵公乘萬年詔復家。
五年，坐酎金免。	元光五年，侯德嗣，四年，元朔三年，坐傷人二旬內死，棄市。戶六百。	
詔復家。		

高宛制侯丙猜	初以客從入漢，定三秦，以中尉破項籍，侯，千六百五戶，比斥丘侯。	七月戊戌封，七年薨。	四十一	孝惠元年，簡侯得嗣，三十年薨。	孝文十六年，平侯武嗣，二十四年薨。	建元元年，侯信嗣，三年，坐出入屬車間，免。戶三千二百。師古曰：「天子出行，陳列屬車，而輒至於其間。」	
				六世	七世 元康四年，猜玄孫之孫高宛大夫齡詔復家。	八世 元始三年，猜玄孫之曾孫內詔賜爵關內侯。	
宣曲齊侯丁義	以卒從起留，以騎將入漢，定三秦，破籍軍滎陽，	七月戊戌封，三十二年薨。	四十三	發婁 孝文十一年，侯通嗣，十七	孫	元康四年，義曾孫陽安公士年詔復家。	

	爲郎騎將，破鍾離昧軍固陵，侯，六百七十戶。			年，有罪，赦爲鬼薪。戶千一百。孝景中五年，通復封，十一年，有罪，免。			
終陵齊侯華毋害	以越將從起留，入漢，定三秦，擊臧荼，侯，七百四十戶。從攻馬邑及布。	七月戊戌封，三十五年薨。	四十六	孝文四年，共侯勃嗣，十六年薨。	後四年，侯祿嗣，七年，孝景四年，坐出界，耐爲司寇。戶千五百。	元康四年，曾孫於陵大夫告詔復家。	
東茅敬侯劉到	以舍人從起碭，至霸上，以二隊入漢，定三秦，以都尉擊項籍，破	八月丙辰封，二十四年薨。	四十八	孝文三年，侯告嗣，十二年，十六年，坐事國人過員，免。	孫	元康四年，到曾孫鮦陽公乘咸詔復家。師古曰：「鮦音紂」。	

		斥丘懿侯唐厲
臧荼，侯，捕韓王信，為將軍，（邑益）〔益邑〕千戶。		以舍人初從起豐，以左司馬入漢，以亞將攻籍，卻敵，為東部都尉，破籍，侯成武，為漢中尉，擊布，為斥丘侯，千戶。師古曰：「初為成武侯，後更封斥丘也。」
		八月丙辰封，二十年薨。
		四十
師古曰：「嗣爵十三年至孝文十六年而免也。事謂役使之員，數也。」		孝文九年，共侯朝嗣，十三年薨。
		後六年，侯賢嗣，四十三年薨。
		元鼎二年，侯尊嗣，二年，坐酎金免。
	元康四年，厲曾孫長安公士廣	

						意詔復家。	
臺定侯戴野	以舍人從起碭，用隊率入漢，以都尉擊籍，籍死，擊臨江，屬將軍賈，功侯。以將軍擊燕、代。	八月甲子封，二十五年薨。	三十五	孝文四年，侯午嗣，二十二年，孝景三年，坐謀反，誅。	孫	曾孫	元康四年，野玄孫長陵上造安昌詔復家。
安國武侯王陵	以自聚黨定南陽，漢王還擊項籍，以兵屬，從定天下，侯，五千戶。	八月甲子封，二十一年薨。	十二	高后八年，哀侯忌嗣，一年薨。	孝文元年，終侯斿嗣，三十九年薨。	建元元年，安侯辟方嗣，二十年薨。	元狩三年，侯定嗣，八年，元鼎五年，坐酎金免。
							元康四年，陵玄孫長安公乘襄詔復家。

樂成節侯丁禮	以中涓騎從起碭，爲騎將入漢，定三秦，爲正奉侯，以都尉擊籍，屬灌嬰，殺龍且，更爲樂成侯，千戶。	八月甲子封，二十六年薨。	四十二	孝文五年，夷侯馬從嗣，十八年薨。	後七年，武侯吾客嗣，四十二年薨。	元鼎二年，侯義嗣，三年，坐言五利侯不道，棄市。戶二千四百。	玄孫
				六世	七世 元康四年，禮玄孫之孫長安公士禹詔復家。		
辟陽幽侯審食其	以舍人初起，侍呂后、孝惠。二歲	八月甲子封，二十五	五十九	孝文四年，侯平嗣，二十一		元康四年，食其曾孫茂陵公乘	

	鄗成制侯周緤 師古曰：「鄗音陪，又音普肯反。緤音息列反。」	
十月，呂后入楚，食其侍從一歲，侯。	以舍人從起沛，至霸上，入漢，定三秦，食邑池陽，擊項籍滎陽，絕甬道，從度平陰，遇韓信軍襄國。楚、漢分鴻溝，以緤爲信，戰不利，不敢離上，侯，二千二百戶。	
年，爲淮南王長所殺。	八月甲子封，二十七年薨。	
	二十二	
年，孝景二年，坐謀反，自殺。	侯昌嗣，有罪，免。	鄲 孝景中元年，
		中(三)〔二〕 年，侯仲居
非詔復家。		元康四年，緤曾 孫長安公士禹
	長沙	沛 元始元年，緤玄

	安平敬侯鄂秋
	以謁者漢王三年初從，定諸侯，有功(秋)〔秩〕，舉蕭何功，因故侯，二千戶。師古曰：「先以食邑，因就封之也。事見蕭
	八月甲子封，十二年薨。
	六十一
康侯應以昌弟紹封，一年薨。師古曰：「鄲，沛之縣也，音多。」	孝惠三年，簡侯嘉嗣，九年薨。
嗣，三十四年，元鼎三年，坐爲太常收赤側錢不收，完爲城旦。如淳曰：「食貨志民巧法，用之不便，又廢也。」	高后八年，頃侯應嗣，十四年薨。
詔賜黃金十斤復家，死，亡子，復免。	孝文十四年，煬侯寄嗣，二十五年薨。
孫護以詔書爲次復禹同產弟子，死，亡子，絕。	孝景後三年，侯但嗣，十九年，元狩元年，坐與淮南王安通，遺王書稱臣盡力，棄市。

北平文侯張蒼		
以客從起武陽，至霸上，爲常山守，得陳餘，爲代相，徙趙相，以代相侯。爲計相四歲，淮南相十四歲。千二百戶。如淳曰：「計相，官名，但知計會。」		何傳。」
八月丁丑封，五十年薨。		
六十五		
孝景六年，康侯奉嗣，八年薨。	六世 元康四年，秋玄孫之子解大夫后詔復家。	
後元年，侯類嗣，七年，建元五年，坐臨諸侯喪後，免。		
曾孫		
玄孫		

				六世 元康四年，蒼玄孫之子長安公士蓋宗詔復家。			
高胡侯陳夫乞	以卒從起杠里，入漢，以都尉擊籍，將軍定燕，千戶。	六年封，二十五年薨。	八十二	孝文五年，煬侯程嗣，薨，亡後。			元康四年，夫乞玄孫長陵公乘勝之詔復家。
厭次侯爰類	以慎將元年從起留，入漢，以都尉守廣武，功侯。師古曰：「以謹慎爲將也。」	六年封，十二年薨。	二十四	孝文元年，侯〔賀〕嗣，五年，謀反，誅。	孫	曾孫	玄孫
				六世 元康四年，類	七世 元始三年，		

				玄孫之子陽陵公士世詔復家。	類玄孫之孫萬詔賜爵關內侯。		
平皋煬侯劉它 師古曰：「它音徒何反。」	漢六年以碭郡長初從，功比軑侯，侯，五百八十戶。實項氏，賜姓。師古曰：「軑音大，又音第。」	七年十月癸亥封，十年薨。	百二十一	孝惠五年，共侯遠嗣，〔二〕〔三〕十四年薨。	孝景元年，節侯光嗣，十六年薨。	建元元年，侯勝嗣，二十八年，元鼎五年，坐酎金免。	玄孫
				六世	七世 元康四年，它玄孫之孫長安簪褭勝之詔復家。		

復陽剛侯陳胥			陽河齊侯其石
以卒從起薛，以將軍入漢，以右司馬擊項籍，侯，千戶。			以中謁者從入漢，以郎中騎從定諸侯，侯，五百戶，功比高湖侯。
七年十月甲子封，三十一年薨。			十一月甲子封，三年薨。
四十九			八十三
孝文十一年，共侯嘉嗣，十八年薨。		六世 元始元年，胥玄孫之子傳詔賜帛百疋。	十年，侯安國嗣，五十一年薨。
孝景六年，康侯拾嗣，二十（三）〔五〕年薨。			孝景中四年，侯午嗣，三十三年薨。
元朔元年，侯彊嗣，七年，元狩二年，坐父拾非嘉子，免。	元康四年，胥曾孫雲陽簪褭幸詔復家。		埤山 元鼎四年，共侯章更封，十三年薨。
	玄孫		元封元年，侯仁嗣，征和三年，坐祝詛，要斬。

		柏至靖侯許盎
		以駢鄰從起昌邑，以說衞入漢，以中尉擊籍，侯，千戶。師古曰：「二馬曰駢。駢鄰，謂並兩騎為軍翼也。說讀曰稅。（稅）衞謂軍行初舍止之時主為衞也。」
		十月戊辰封，十四年，高后元年，有罪，免。三年，復封，六年薨。
		五十八
	六世 元康四年，石玄孫之子長安官大夫益壽詔復家。	孝文元年，簡侯祿嗣，十四年薨。
		十五年，侯昌嗣，三十二年薨。
師古曰：「埤音脾，又音婢。」		元光二年，侯安如嗣，十三年薨。
		元狩三年，侯福嗣，五年，元鼎二年，坐為姦，為鬼薪。

六世
元康四年，盎玄孫之子長安公士建詔復家。

中水嚴侯呂馬童

以郎騎將漢元年從好時，以司馬擊龍且，復共斬項籍，侯，千五百戶。

正月己酉封，三十年薨。

百一

孝文十年，夷侯瑕嗣，三年薨。

十(二)〔三〕年，共侯青眉嗣，三十二年薨。

建元六年，靖侯德嗣，一年薨。

元光元年，侯宜城嗣，二十二年，元鼎五年，坐酎金免。

六世

七世
元康四年，馬童玄孫之孫長安公士建明

					詔復家。		
杜衍嚴侯王翥如淳曰：「翥音署。」師古曰：「音之庶反。」	以中郎騎漢王二年從起下邳，屬淮陰侯，從灌嬰共斬項羽，侯，千七百戶。	正月己酉封，十八年薨。	百二	高后六年，共侯福嗣，七年薨。	孝文五年，孝侯市臣嗣，七年薨。	十二年，侯舍嗣，二十四年，有罪，爲鬼薪。戶三千四百。	
				孝景後元年，侯郢人以翥子紹封，十二年薨。	元光四年，侯定國嗣，十三年，元狩五年，有罪，免。	元康四年，翥曾孫長安大夫安樂詔復家。	
赤泉嚴侯楊喜	以郎中騎漢王二年從起杜，屬淮陰，後從灌嬰共斬項籍，侯，千	正月己酉封，十三年，高后元年，有罪，免，二	百三	孝文十二年，定侯敷嗣，十五年薨。	臨汝 孝景四年，侯毋害嗣，六年，坐詐	曾孫	元康四年，喜玄孫茂陵不更孟嘗詔賜黃金十斤，復家。

		朝陽齊侯華寄
九百戶。		以舍人從起薛，以連敖入漢，以都尉擊項羽，復攻韓王信，侯，千戶。
年，復封，十八年薨。		三月壬寅封，十二年薨。
		六十九
	六世 子恢代復。	高后元年，文侯要嗣，二十一年薨。
紿人臧六百，免。中五年，毋害復封，十二年，元光二年，有罪，免。	七世 子譚代。	孝文十四年，侯當嗣，三十九年，元朔二年，坐教人上書枉法，耏
	八世 子並代，永始元年，賜帛百疋。	曾孫
	元始二年，求復不得。	元康四年，寄玄孫奉明大夫定國詔復家。

					爲鬼薪。戶五千。		
棘陽嚴侯杜得臣	以卒從起湖陵，入漢，以郎將迎左丞相軍擊項籍，侯，二千戶。	七月丙申封，二十六年薨。	八十一	孝文六年，侯但嗣，四十三年薨。	元光四年，懷侯武嗣，七年，元朔五年薨，亡後。		
涅陽嚴侯呂騰	以騎士漢三年從出關，以郎中共擊斬項羽，侯，千五百戶，比杜衍侯。	七年封，二十五年，孝文五年薨。子成實非子，不得代。	百四		孫	曾孫	玄孫
				六世 元康四年，騰玄孫之子涅			

	平棘懿侯林摯	深澤齊侯趙將夕	
	以客從起亢父，斬章邯所置蜀守，用燕相侯，千戶。	以趙將漢王三年降屬淮陰侯，定趙、齊、楚，以擊平城功侯，七百戶。	
	七年封，二十四年薨。	八年十月癸丑封，十二年，高后元年，有罪，免，二年，復封，二年薨。	
	六十四	九十八	
陽不更忠詔復家。	孝文五年，侯辟彊嗣，有罪，爲鬼薪。	孝文後二年，戴侯頭嗣，八年薨。	
		孝景三年，侯脩嗣，七年，有罪，耏爲司寇。	臾 中五年，夷胡侯以頭
	元康四年，摯曾孫項圉大夫常驩詔復家，死，亡子，絕。	曾孫	
		元康四年，將夕玄孫平陵上造延世詔復家。	

				子紹封，二十一年，元朔五年薨，亡後。			
猼頃侯溫疥 師古曰：「猼音餉，又音旬。疥音介。」	以燕將軍漢王四年從破曹咎軍，為燕相告燕王荼反，侯。以燕相國定盧綰。千九百戶。	十月丙辰封，二十五年薨。	九十一	孝文六年，文侯仁嗣，十七年薨。	後七年，侯何嗣，七年，孝景四年薨。	曾孫	元康四年，疥玄孫長安公士福詔復家。
歷簡侯程黑	以趙衞將軍漢王三年從起盧奴，擊項羽敖倉下，為將軍攻臧荼有功，封千戶。	十月癸酉封。十四年薨。	九十二	高后三年，孝侯釐嗣，二十二年薨。	孝文後元年，侯竈嗣，十四年，孝景中元年，有罪，免。	曾孫	玄孫

				六世 元康四年，黑玄孫之子長安簪褭弘詔復家。	元始五年。詔賜黑代復者安爵關內侯。		
武原靖侯衛胠 師古曰：「胠音脅，又音怯。」	漢七年以梁將軍從初起，擊韓信、陳豨、黥布軍，功侯，二千八百戶，功比高陵侯。	十二月丁未封，八年薨。	九十三	孝惠四年，共侯寄嗣，三十七年薨。	孝景三年，侯不害嗣，（三十）〔十二〕年，後二年，坐葬過律，免。	曾孫	元康四年，胠玄孫郭公乘堯詔復家。
槀祖侯陳鍇 師古曰：「槀音公老反。鍇音口駭反。」	高帝七年爲將從擊代陳豨有功，侯，六百戶。	十二月丁未封，七年薨。	百二十四	孝惠三年，懷侯嬰嗣，十九年薨。	孝文七年，共侯應嗣，十四年薨。	後五年，節侯安嗣，三十一年薨。	元狩二年，侯千秋嗣，九年，元鼎五年，坐酎金免。
				六世 元康四年，鍇			

	宋子惠侯許瘛師古曰：「瘛音充制反。」	
	以漢三年用趙右林將初擊定諸侯，五百三十六戶，功比歷侯。師古曰：「林將，將士林，猶言羽林之將也。」	
	二月丁卯封，四年薨。	
	九十九	
玄孫之子茂陵公乘主儒詔復家。	十二年，共侯留嗣，二十五年薨。	六世
	孝文十年，侯九嗣，二十二年，孝景中二年，坐寄使匈奴買塞外禁物，免。	七世元康四年，瘛玄孫之孫宋子大夫湎詔復
	曾孫	
	玄孫	

					家。		
猗氏敬侯陳遬 師古曰：「遬，古速字」	以舍人從起豐，入漢，以都尉擊項羽，侯，千一百戶。	三月丙戌封，十一年薨。	五十 位次曰長陵侯。	孝惠七年，靖侯支嗣，三十四年薨。	孝景三年，頃侯羌嗣，一年薨，亡後。	元康四年，遬曾孫猗氏大夫胡詔賜黃金十斤，復家。	
淸簡侯室中同	以弩將初起，從入漢，以都尉擊項羽、代，侯，比彭侯，戶千。	三月丙戌封，五年薨。	七十一	孝惠元年，頃侯聖嗣，二十二年薨。	孝文八年，康侯鮒嗣，五十二年薨。	元狩三年，共侯古嗣，七年薨。	元鼎四年，侯生嗣，一年，坐酎金免。
							元康四年，同玄孫高宛簪褭武詔復家。
彊圉侯留肹	以客吏初起，從入漢，以都尉擊項籍、代，侯，比彭	三月丙戌封，三年薨。	七十二	十一年，戴侯章復嗣，二十九年薨。	（文侯）〔孝文〕三年，侯復嗣，二	元康四年，肹曾孫長安大夫定詔復家。	

	侯，千戶。				年，有罪，免。		
彭簡侯秦同	以卒從起薛，以弩將入漢，以都尉擊項羽、代，侯，千戶。	三月丙戌封，二十二年薨。	七十	孝文三年，戴侯執嗣，二十三年薨。	孝景三年，侯武嗣，十一年，後元年，有罪，免。	曾孫	元康四年，同玄孫費公士壽王詔復家。
吳房嚴侯楊武	以郎中騎將漢元年從起下邽，擊陽夏，以騎都尉斬項籍，侯，七百戶。	三月辛卯封，三十二年薨。	九十四	孝文十三年，侯去疾嗣，二十五年，孝景後三年，有罪，耐爲司寇。	元康四年，武孫霸陵公乘談詔賜黃金十斤，復家，亡子，絕。		談兄孫爲次復，亡子，絕。
甯嚴侯魏遬	以舍人從碭，入漢，以都尉擊臧荼功侯，千戶。	四月辛卯封，三十五年薨。	七十八	孝文十六年，共侯連嗣，八年薨。	孝文後元年，侯指嗣，三十三年，坐出國界，免。	曾孫	元康四年，遬玄孫長安公士都詔復家。

昌圉侯旅卿		共嚴侯旅罷師 師古曰：「共音恭。罷音皮彼反，又讀曰皮。」
以齊將漢王四年從韓信起無鹽，定齊，擊項羽，又擊韓王信於代，侯，千戶。		以齊將漢王四年從淮陰侯起，擊項籍，又攻韓王信於平城，有功，侯，千二百戶。
六月戊申封，三十四年薨。		六月壬子封，二十六年薨。
百九		百一十四
孝文十五年，侯通嗣，十一年，孝景三年，坐謀反，誅。	六世 子賜代，死，無子，絕。有同產子，元始二年求不得。	孝文七年，惠侯黨嗣，八年薨。
孫		十五年，懷侯高嗣，五年薨，亡子。
曾孫		元康四年，罷師曾孫霸陵簪褭信詔復家。
元康四年，卿玄孫昌上造光詔賜黃金十斤，復家。		

閼氏節侯馮解散	以代大與漢王三年降，爲鴈門守，以將軍平代反寇，侯，千戶。師古曰：「大與，主爵祿之官。」	六月壬子封，四年薨。	一百	十二年，共侯它嗣，一年薨，亡後。	孝文二年，文侯遺以它遺腹子嗣，十四年薨。	十六年，共侯勝之嗣，十三年薨。	孝景六年，侯平嗣，(二)〔三〕十九年，元鼎五年，坐酎金免。
安丘懿侯張說師古曰：「說讀曰悅。」	以卒從起方與，屬魏豹，一歲五月，以執盾入漢，以司馬擊項羽，以將軍定代，侯，二千戶。	七月癸酉封，三十二年薨。	六十七	孝文十三年，共侯奴嗣。十(二)〔三〕年薨。	孝景三年，敬侯執嗣，一年薨。	四年，康侯新嗣，三十一年薨。	元狩元年，侯拾嗣，九年，元鼎四年，坐入上林謀盜鹿，又搏揜，完爲城旦。師古曰：「搏揜，謂搏擊揜襲人而奪其物也。搏字或作博。一曰博，六博也。揜，意錢之屬也，皆謂戲而取人財也。」

		襄平侯紀通	龍陽敬侯陳署
		父城以將軍從擊破秦，入漢，定三秦，功比平定侯，戰好畤，死事，子侯。	以卒從，漢王元年起霸上，以謁者擊項籍，斬曹咎，侯，戶千。
		九月丙午封，五十二年薨。	九月己未封，十八年薨。
		六十六	八十四
	六世 元康四年，說玄孫之子陽陵上造舜詔復〔家〕。	孝景中三年，康侯相夫嗣，十九年薨。	高后七年，侯堅嗣，十八年，孝文後元年，有罪，免。
		元朔元年，侯夷吾嗣，十九年，元封元年薨，亡後。	
		元康四年，通玄孫長安簪褭萬年詔復家。	

平嚴侯張瞻師	以趙騎將漢王五年從擊諸侯，比吳房侯，千五百戶。	九年十二月壬寅封，八年薨。	九十五	孝惠五年，康侯悍嗣，三十七年薨。師古曰：「悍音桀。」	孝景四年，侯寄嗣。	侯安國嗣，不得年，元狩元年爲人所殺。	玄孫
				六世 元康四年，瞻師玄孫之子敞上造連城詔復家，			
陸量侯須無 如淳曰：「秦始皇本紀所謂陸梁地也。」	詔以爲列諸侯，自置吏令長，受令長沙王。	三月丙戌封，三年薨。	百三十七	十二年，共侯桑嗣，三十四年薨。	孝文後三年，康侯慶忌嗣，五年薨。	孝景元年，侯冉嗣，四十四年，元鼎五年，坐酎金免。	
						元康四年，無曾	

						孫酈陽秉鐸聖詔復家。師古曰：「秉鐸，武功爵第六級。」	
高景侯周成	父苛以內史從擊破秦，為御史大夫，入漢，圍取諸侯，守滎陽，功比辟陽侯，罵項籍死事，子侯。	四月戊寅封，三十五年，孝文後五年，謀反，下獄死。	六十	子	繩 孝景中元年，侯應以成孫紹封。	侯平嗣，元狩四年，坐為太常不繕園屋，免。	元康四年，成玄孫長安公大夫賜詔復家。
離侯鄧弱	四月戊寅封。楚漢春秋亦闕。成帝時，光祿大夫滑滋日旁占驗曰：「鄧弱以長沙將兵侯。」						

義陵侯吳郢	以長沙柱國侯，千五百戶。	九月丙子封，七年薨。	百三十四	孝惠四年，侯重嗣，十年，高后七年薨，亡後。			
宣平武侯張敖	嗣父耳為趙王，坐相貫高等謀反，廢王為侯。	九年封，十七年薨。	三 師古曰：「張耳及敖並為無大功，蓋以魯元之故，呂后曲升之也。」	高后二年，侯偃為魯王，孝文元年復為侯，十五年薨，謚共。	六年，哀侯歐嗣，十七年薨。	孝景中三年，侯王嗣，十四年，有罪，免。	
						睢陵 元光三年，侯廣國以王弟紹封，十八年薨。	元鼎二年，侯昌嗣，十二年，太初二年，坐為太常乏祠，免。師古曰：「祠事有闕也。」

	信都　高后八年四月丁酉，侯侈以魯太后子封，孝文元年，以非正免。	樂昌　四月丁亥，侯受以魯太后子封，元年免。
元始二年，侯慶忌以敖玄孫紹封，千戶。		元康四年，耳玄孫長陵公乘遂詔復家。

東陽武侯張相如	高祖六年爲中大夫，以河間守擊陳豨，力戰功，侯，千三百戶。	十一年十二月癸巳封，三十二年薨。	百一十八	孝文十六年，共侯殷嗣，五年薨。	後五年，戴侯安國嗣，六年薨。	孝景四年，哀侯彊嗣，十三年，建元元年薨，亡後。	玄孫
				六世 元康四年，相如玄孫之子茂陵公乘宣詔復家。			
慎陽侯樂說 如淳曰：「慎音震。」師古曰：「字本作滇，音眞，後誤作慎耳。滇陽，汝南縣名也。說讀曰悅。」	淮陰侯韓信舍人，告信反，侯，二千戶。	十二年十二月甲寅封，五十一年薨。	百三十一	孝景中六年，靖侯願嗣，四年薨。	建元元年，侯買之嗣，二十二年，元狩五年，坐鑄白金，棄市。	曾孫	玄孫

	開封愍侯陶舍	
	以右司馬漢王五年初從，以中尉擊燕、代，侯，比共侯，二千戶。	
	十二月丙辰封，一年薨。	
	百一十五	
六世 元康四年，說玄孫之子長安公士通詔復家。	十二年，夷侯青嗣，四十八年薨。	六世
	孝景中三年，節侯偃嗣，十七年薨。	七世 元康四年，舍玄孫之孫長安公士元始詔復家。
	元光五年，侯睢嗣，十八年，元狩五年，坐酎金免。	
	玄孫	

禾成孝侯公孫昔	以卒漢王五年初從，以郎中擊代，擊陳豨，侯，千九百戶。	正月己未封，二十年薨。	百一十七	孝文五年，懷侯漸嗣，九年薨。	孫	元康四年，昔曾孫霸陵公乘廣意詔復家。	
堂陽哀侯孫赤	以中涓從起沛，以郎入漢，以將軍擊項籍，爲惠侯，坐守滎陽降楚，免，復來，以郎擊籍，爲上黨守擊陳豨，侯，八百戶。	正月己未封，九年薨。	七十七	高后元年，侯德嗣，四十三年，孝景中六年，有罪，免。	孫	元康四年，赤曾孫霸陵公乘明詔復家。	
祝阿孝侯高色	以客從起齧桑，以上隊將入漢，以將軍擊魏太	正月己卯封，二十一年薨。	七十四	孝文五年，侯成嗣，十四年，後三年，坐事	孫	曾孫	元康四年，色玄孫長陵上造弘詔復家。

	長脩平侯杜恬
原、井陘，屬淮陰侯，擊度軍破項籍及豨，侯，千八百戶。如淳曰：「𨛬桑，邑名。」	以漢王二年用御史初從出關，以內史擊諸侯，攻項昌，以廷尉死事，侯，千九百戶。
	三月丙戌封，四年薨。
	百八位次曰信平侯。
國人過律，免。	孝惠三年，懷侯中嗣，十七年薨。
	孝文五年，侯意嗣，二十七年，有罪，免。
	陽平 孝景中五年，侯相夫紹封，三十七年，元封三年，坐為太常與大樂令中可當鄭舞人擅繇，闌出入關，免。師古曰：「擇可以為鄭舞，而擅從役使之，又闌出入關。」

江邑侯趙堯	以漢五年爲御史，用奇計徙御史大夫周昌爲趙相，代昌爲御史大夫，從擊陳豨，功侯，六百戶。	十一月封，高后元年，有罪，免。					
營陵侯劉澤	漢三年爲郎中，擊項羽，以將軍擊陳豨，得王黃，侯。帝從昆弟，萬一千戶。	十一月封，十五年，高后七年，爲瑯邪王。	八十八				
土軍式侯宣義	高祖六年爲中地守，以廷尉擊陳豨，侯，一千一百戶，就國後爲	二月丁亥封，七年薨。	百二十二 位次曰信成侯。	孝惠六年，孝侯莫如嗣，三十五年薨。	孝景三年，康侯平嗣，十九年薨。	建元六年，侯生嗣，八年，元朔二年，坐與人妻姦，免。	玄孫

	燕相。			六世 元康四年，義玄孫之子阿武不更寄詔復家。			
廣阿懿侯任敖	以客從起沛，爲御史，守豐二歲，擊項籍，爲上黨守，陳豨反，堅守，侯，千八百戶。後遷爲御史大夫。	二月丁亥封，十九年薨。	八十九	孝文三年，夷侯敬嗣，一年薨。	四年，敬侯但嗣，四十年薨。	建元五年，侯越人嗣，二十一年，元鼎二年，坐爲太常廟酒酸，免。	元康四年，敖玄孫廣阿簪褭定詔復家。
須昌貞侯趙衍	以謁者漢王元年初從起漢中，雍軍塞渭上，上	二月己丑封，三十二年薨。	百七	孝文十六年，戴侯福嗣，四年薨。	後四年，侯不害嗣，八年，孝景五	曾孫	玄孫

	計欲還，衍言從它道，道通，後爲河間守，豨反，誅都尉相如，功侯，千四百戶。				年，有罪，免。		
				六世	七世 元康四年，衍玄孫之孫長安簪褭步昌詔復家。		
臨轅堅侯戚鰓	初從爲郎，以都尉守蘄城，以中尉侯，五百戶。	二月乙酉封，六年薨。	百一十六	孝惠五年，夷侯觸龍嗣，三十七年薨。	孝景四年，共侯中嗣，十六年薨。	建元四年，侯賢嗣，二十五年，元鼎五年，坐酎金免。	元康四年，鰓玄孫梁郎官大夫常詔復家。師古曰：「仕梁爲郎

而有官大夫之爵也。」

				六世	七世 元始二年，鰓玄孫之孫少詔賜爵關內侯。		
汲紹侯公上不害	高祖六年爲太僕，擊代豨有功，侯，千三百戶。爲趙太僕。	二月乙酉封，三年薨。	百二十三	孝惠二年，夷侯武嗣，二十七年薨。	孝文十四年，康侯通嗣，二十七年薨。	建元二年，侯廣德嗣，九年，元光五年，坐妻大逆，棄市。	元康四年，不害玄孫安陵五大夫常詔復家。
甯陵夷侯呂臣	以舍人從起留，以郎入漢，破曹咎成皋，爲都尉擊豨，功侯，千戶。	二月辛亥封，二十七年薨。	七十三	孝文十一年，戴侯射嗣，十六年薨。	孝景四年，惠侯始嗣，十七年薨。	曾孫	元康四年，呂臣玄孫南陵公大夫得詔復家。

汾陽嚴侯靳彊	以郎中騎千人前三年從起櫟陽，擊項羽，以中尉破鍾離眛軍，功侯。	三月辛亥封，十一年薨。	九十六	高后三年，共侯解嗣，三十三年薨。	孝景五年，康侯胡嗣，十二年絕，不得狀。	江鄒 元鼎五年，侯石封嗣，九年，太始四年，坐爲太常行幸離宮道橋苦惡，大僕敬聲繫以謁聞，赦免。	元康四年，彊玄孫長安公乘忠詔復家。
戴敬侯祕彭祖 師古曰：「今見有祕姓，讀如祕書，而韋昭妄爲音讀，非也。」	以卒從起沛，以卒開沛城門，爲太公僕，以中廐令擊陳豨，功侯，千一百戶。	三月癸酉封，十一年薨。	百二十六	高后三年，共侯悼嗣，十二年薨。	孝文八年，夷侯安國嗣，四十八年薨。	元朔五年，安侯軫嗣，十二年薨。	元鼎五年，侯蒙嗣，二十五年，後元年，坐祝詛上，大逆，腰斬。
				六世	七世 元康四年，彭祖玄孫		

					之孫陽陵大夫政詔復家。		
衍簡侯翟盱 師古曰：「盱音況于反。」	以漢王二年為燕令，以都尉下楚九城，堅守燕，侯，九百戶。	七月己丑封，十二年薨。	百三十	高后四年，祗侯山嗣，〔二〕〔一〕年薨。	六年，節侯嘉嗣，四十四年薨。	建元三年，侯不疑嗣，十年，元朔元年，坐挾詔書論，耐為司寇。師古曰：「詔書當奉持之，而挾以行，故為罪也。」	元康四年，盱玄孫陽陵公乘光詔復家。
平州共侯昭涉掉尾 師古曰：「姓昭涉，名掉尾也。音徒弔反。」	漢四年以燕相從擊項籍，還擊臧荼，侯，千戶。	八月甲辰封，十八年薨。	百一十一	孝文二年，戴侯種嗣，三年薨。	五年，懷侯它人嗣，四年薨。	九年，孝侯馬童嗣，二十九年薨。	孝景後一年，侯昧嗣，二十四年，元狩五年，坐行馳道中，免。
							元康四年，掉尾玄孫涪不更福

							詔復家。
中牟共侯單右車	以卒從沛，入漢，以郎擊布，功侯，二千二百戶。始高祖微時有急，給高祖馬，故得侯。	十二年十月乙未封，二十三年薨。	百二十五	孝文八年，敬侯繒嗣，五年薨。	十三年，戴侯終根嗣，三十七年薨。	元光二年，侯舜嗣，十八年，元鼎五年，坐酎金免。	玄孫
				六世 元康四年，右車玄孫之子陽陵不更充國詔復家。			
郘嚴侯黃極忠 師古曰：「郘音鉅巳」	以羣盜長爲臨江將，已而爲漢擊臨江王及諸	十月戊戌封，二十七年薨。	百十三	孝文十二年，夷侯榮成嗣，九年薨。	後元五年，共侯明嗣，三十五年	元朔五年，侯遂嗣，八年，元鼎元年，坐掩搏奪公	

反。		博陽節侯周聚
侯，破布，封千戶。		以卒從豐，以隊率入漢，擊項籍，(城)〔成〕皋有功，爲將軍，布反，定吳郡，侯。
		十月辛丑封，二十四年薨。
		五十三
	六世 元康四年，極忠玄孫之子邛公乘調詔復家。	孝文九年，侯遬嗣，十五年，孝景元年，有皋，奪爵一級。
薨。	元始元年，賜極忠代後者爵關內侯。	孫
主馬，髡爲城旦。戶四千。師古曰：「搏字或作博，已解於上。」		元康四年，聚曾孫長陵公乘萬年詔復家。

陽羨定侯靈常	以荊令尹漢五年初從，擊鍾離眛及陳公利幾，徙爲漢中大夫，從至陳，取韓信，遷中尉，以擊布，侯，二千戶。	十月壬寅封，十四年薨。	百一十九	高后七年，共侯賀嗣，八年薨。	孝文七年，哀侯勝嗣，六年薨，亡後。	曾孫	元康四年，常玄孫南和大夫橫詔復家。
下相嚴侯泠耳 師古曰：「泠音零。」	以客從起沛，入漢，用兵擊破齊田解軍，以楚丞相堅守彭城距布軍，功侯，二千戶。	十月己酉封，十八年薨。	八十五	孝文三年，侯順嗣，二十三年，孝景三年，坐謀反，誅。	孫	曾孫	元康四年，耳玄孫長安公士安詔復家。
高陵圉侯王虞人	以騎司馬漢王元年從起廢丘，	十二月丁亥封，十年	九十二	高后三年，侯弄弓嗣，十八	年，孝文十三年，侯行嗣，		

	以都尉破田橫、龍且，追籍至東城，以將軍擊布，侯，九百戶。	薨。		年薨。	十二年，孝景三年，謀反，誅。		
期思康侯賁赫 師古曰：「賁音肥。」	淮南王英布中大夫，告反，侯，千戶。	十二月癸卯封，二十九年，孝文十四年薨，亡後。	百三十二	子	孫	曾孫	元康四年，赫玄孫壽春大夫充詔復家。
戚圉侯季必 師古曰：「灌嬰傳云李必，今此作季。表、傳不同，當有誤。」	以騎都尉漢二年初起櫟陽，攻破廢丘，因擊項籍，屬韓信，破齊，攻臧荼，為將軍，擊韓信，侯，千五	十二月癸卯封，十六年薨。	九十	孝文元年，貢侯長嗣，三年薨。	四年，躁侯瑕嗣，三十八年薨。	建元三年，侯信成嗣，二十年，元狩五年，坐為太常縱丞相侵神道，為隸臣。師古曰：「刑法志罪	元康四年，必玄孫長安公士買之詔復家。

	百戶。					人獄已決，完爲城旦舂，滿三歲爲鬼薪白粲，一歲爲隸臣妾，一歲免爲庶人。然則男子爲隸臣，女子爲隸妾也。」	
穀陽定侯馮谿	以卒前二年起(拓)〔柘〕，擊籍，定代，爲將軍，功侯。	正月乙丑封，二十二年薨。	百五	孝文七年，共侯熊嗣，十八年薨。	孝景二年，隱侯卯嗣，三年薨。	五年，懿侯解中嗣，十二年薨。	建元四年，侯偃嗣。
				六世 元康四年，谿玄孫之子穀陽不更武詔復家。			
嚴敬侯許猜	以楚將漢二年	正月乙丑	百一十二	孝景二年，侯	建元二年，	元光五年，節侯	元朔二年，侯廣

師古曰：「猜音千才反。」	降，從起臨濟，以郎中擊項羽、陳豨，侯，六百戶。	封，四十年薨。		恢嗣，十六年薨。	煬侯則嗣，九年薨。	周嗣，三年薨。	宗嗣，十五年，元鼎五年，坐酎金免。
				六世　元康四年，猜玄孫之子平壽公士任壽詔復家。			
成陽定侯奚意	以魏郎漢王二年從起陽武，擊項籍，屬魏王豹，豹反，徙屬相國彭越，以太原尉定代，侯，六百戶。	正月乙酉封，二十六年薨。	百一十	孝文十一年，侯信嗣，二十九年，建元元年，有罪，要斬。	孫	元康四年，意曾孫陽陵公乘通詔復家。	

桃安侯劉襄	以客從，漢王二年起定陶，以大謁者擊布，侯，千戶。爲淮南太守。項氏親。	三月丁巳封，七年，孝惠七年，有罪，免，二年，復封，十六年薨。	百三十五	孝文十年，懿侯舍嗣，三十年薨。	建元元年，厲侯由嗣，十三年薨。	元朔二年，侯自爲嗣，十五年，元鼎五年，坐酎金免。	玄孫
				六世 元康四年，襄玄孫之子長安上造益壽詔復家。			
高梁共侯酈疥	父食其以客從破秦，以列侯入〔漢〕，還定諸侯，常使使約和諸	二月丙寅封，六十三年薨。	六十六	元光三年，侯勃嗣。	侯平嗣，元狩元年，坐詐衡山王取金，免。	曾孫	元康四年，食其玄孫陽陵公乘賜詔復家。

	侯，說齊王死事，子侯。						
紀信匡侯陳倉	以中涓從起豐，以騎將入漢，以將軍擊項籍，後攻盧綰，侯，七百戶。	六月壬辰封，十年薨。	八十	高后三年，夷侯開嗣，二十二年薨。	孝文後二年，侯熺嗣，八年，孝景二年，反，誅。	曾孫	玄孫
				六世 元康四年，倉玄孫之子長安公士千秋詔復家。			
景嚴侯王競	以車司馬漢元年初從起高陵，屬劉賈，以都尉	六月壬辰封，七年薨。	百六	孝惠七年，戴侯眞粘嗣，十九年薨。	孝文十一年，侯嬩嗣，二十二年，	曾孫	元康四年，競玄孫長安公士昌詔復家。

	從軍，侯，五百戶。			師古曰：「粘亦黏字。」	孝景十年，有罪，免。師古曰：「嫖音許孕反。」		
張節侯毛釋之	以中涓從起豐，以郎騎入漢，還，從擊諸侯，侯，七百戶。	六月壬辰封，二十六年薨。	七十九	孝文十一年，侯鹿嗣，二年薨。	十三年，侯舜嗣，二十三年，孝景中六年，有罪，免。	曾孫	元康四年，釋之玄孫長安公士景詔復家。
賁棗端侯革朱	以越連敖從起薛，別以越將入漢，擊諸侯，以都尉侯，九百戶。	六月壬辰封，七年，孝惠七年薨。嗣子有罪，不得代。	七十五	孝文二年，康侯式以朱子紹封，二十一年薨。	孝景中二年，侯昌嗣，二年，有罪，免。	曾孫	元康四年，朱玄孫陽陵大夫奉詔復家。

傿陵嚴侯朱濞	以卒從起豐，入漢，以都尉擊項籍、臧荼，侯，二千七百戶。	十二月封，十一年薨。	五十（一）〔二〕	高后四年，共侯慶嗣，十一年，孝文七年薨，亡後。		元康四年，濞曾孫陽陵公士言詔復家。	
（藏）鹵〔嚴〕侯張平	以中尉前元年從起單父，不入關，以擊黥布、盧綰，得南陽侯，二千七百戶。	十二月封，十二年薨。	四十八	高后五年，侯勝嗣，七年，孝文四年，有罪，爲隸臣。		曾孫	玄孫
				六世 元康四年，平玄孫之子長安公士常詔復家。			

右高祖百四十七人。周呂、建成二人在外戚，羹頡、合陽、沛、德四人在王子，凡百五

十三人。

便頃侯吳淺	以父長沙王功侯，二千戶。	元年九月癸卯封，三十七年薨。	百三十三	孝文後七年，共侯信嗣，六年薨。	孝景六年，侯廣志嗣。	侯千秋嗣，元鼎五年，坐酎金免。	編 元康四年，淺玄孫長陵上造長樂詔復家。
軑侯黎朱蒼 師古曰：「軑音大，又音第。」	以長沙相侯，七百戶。	二年四月庚子封，八年薨。	百（一）〔二〕十	高后三年，孝侯豨嗣，二十一年薨。	孝文十六年，彭祖嗣，二十四年薨。	侯扶嗣，元封元年，坐為東海太守行過擅發卒為衞，當斬，會赦，免。	玄孫 江夏
				六世 元康四年，蒼玄孫之子竟陵簪褭漢詔復家。			

平都孝侯劉到	以齊將高祖三年定齊，降侯，千戶。	五年六月乙亥封，十三年薨。	百一十	孝文三年，侯成嗣，三十五年，孝景後二年，有罪，免。		元康四年，到曾孫長安公乘如意詔復家。	
右孝惠三人。							
南宮侯張買	以父越人爲高祖騎將從軍，以中大夫侯。	元年四月丙寅封。		侯生嗣，孝武初有罪，爲隸臣。萬六千六百戶。			北海
梧齊侯陽城延	以軍匠從起郟，入漢，後爲少府，作長樂、未央宮，築長安城先就，侯。	四月乙酉封，六年薨。	七十六	七年，敬侯去疾嗣，三十四年薨。	孝景中三年，靖侯偃嗣，十五年薨。	元光三年，侯戎奴嗣，十四年，元狩五年，坐使人殺季父棄市。戶三千三百。	玄孫

		平定敬侯齊受
師古曰：「郟，潁川之縣也，音夾。」		以卒從起留，以家車吏入漢，以驍騎都尉擊項籍，得樓煩將，用齊丞相侯。師古曰：「家車吏，主漢王之家車，非軍國所用。」
		四月乙酉封，九年薨。
		五十四
	六世 元康四年，延玄孫之子梧公士注詔復家。	孝文二年，齊侯市人嗣，四年薨。
		六年，共侯應嗣，四十一年薨，亡後。
		元光二年，康侯延居嗣，八年薨。
		元鼎〔四〕〔二〕年，侯昌嗣，二年，元鼎〔二〕〔四〕年，有罪，免。

							元康四年，受玄孫安平大夫安德詔復家。
博成敬侯馮無擇	以悼武王郎中從高祖起豐，攻雍，共擊項籍，力戰，奉悼武王出滎陽，侯。師古曰：「悼武王，高后兄，周呂侯呂澤也，高后追尊曰悼武王。」	四月己丑封，三年薨。		四年，侯代嗣，八年，坐呂氏誅。			
沅陵頃侯吳陽 師古曰：「沅音元。」	以父長沙王功侯。	七月丙申封，二十五年薨。	百三十六	孝文後二年，頃侯福嗣，十七年薨。	孝景中五年，哀侯周嗣，薨，亡後。		

中邑貞侯朱進	以執矛從入漢，以中尉破曹咎，用呂相侯，六百戶。師古曰：「爲呂王之相也。」	四年四月丙申封，二十二年薨。		孝文後二年，侯悼嗣，二十一年，孝景後三年，有罪，免。			
樂（成）〔平〕簡侯衛毋擇	以隊率從起沛，屬皇訢，以郎擊陳餘，用衛尉侯，六百戶。	四月丙申封，二年薨。		六年，共侯勝嗣，四十一年薨。	孝景後三年，侯侈嗣，六年，建元六年，坐買田宅不法，有請賕吏，死。		
山都貞侯王恬啓	漢五年爲郎中柱下令，以衛將	四月丙申封，八年薨。		孝文四年，憲侯中黃嗣，二	孝景四年，敬侯觸龍	元狩五年，侯當嗣，八年，元封元	

	軍擊陳豨，用梁相侯。師古曰：「柱下令，今主柱下書史也。」		十三年薨。	嗣，二十三年薨。	年，坐闌入甘泉上林，免。	
祝茲夷侯徐厲	以舍人從沛，以郎中入漢，還，得雍王邯家屬，用常山丞相侯。	四月丙申封，十一年薨。		孝文七年，康侯悼嗣，二十九年薨。	孝景中六年，侯偃嗣，九年，建元六年，有罪，免。	
成陰夷侯周信	以卒從起單父，爲呂后舍人，度呂后，爲河南守，侯，五百戶。師古曰：「時有寇難，得度於水，因以免也。」	四月丙申封，十六年薨。		孝文十二年，侯勃嗣，十五年，有罪，免。		

俞侯呂它 如淳曰：「俞音輸。」	父嬰以連敖從高祖破秦，入漢，以都尉定諸侯，功比朝陽侯，死事，子侯。	四月丙申封，四年，坐呂氏誅。				
醴陵侯越	以卒從，漢二年起櫟陽，以卒吏擊項羽，爲河內都尉，用長沙相侯，六百戶。	四月丙申封，八年，孝文四年，有罪，免。				

右高后十二人。扶柳、襄城、軹、壺關、昌平、贅其、騰、昌城、腄、祝茲、建陵十一人在恩澤外戚，洨、沛、信都、樂昌、東平五人隨父，上邳、朱虛、東牟三人在王子，凡三十一人。

師古曰：「腄音直瑞反。洨音交，又音下交反。」

陽信夷侯劉揭	高祖十三年爲郎，以典客奪呂祿印，閉殿門止產等，共立皇帝，侯，二千戶。	元年十一月辛丑封，十四年薨。		十五年，侯中意嗣，十四年，孝景六年，有罪，免。		
壯武侯宋昌	以家吏從高祖起山東，以都尉從滎陽，食邑，以代中尉勸王，驂乘入卽帝位，侯，千四百戶。	四月辛亥封，三十年，孝景中四年，有罪，奪爵一級，爲關內侯。				
樊侯蔡兼	以睢陽令高祖初從阿，以韓家子還定北地，用常山相侯，千二	六月丙寅封，十四年薨。		十五年，康侯客嗣，十八年薨。	孝景中二年，共侯平嗣，二十一年薨。	元朔二年，侯辟方嗣，元鼎四年，坐搏揜，完爲城旦。

	百戶。師古曰：「本六國時韓家之諸子也，後更姓蔡也。」					
沶陵康侯魏駟晉灼曰：「沶，古柢字。」師古曰：「音直夷反。」	以陽陵君侯。	七年三月丙寅封，十二年薨，亡後。				
南郎侯起師古曰：「郎音貞。說者云當爲鄭，非也。」	以信平君侯。	(二)〔三〕月丙寅封，坐後父故削爵一級，爲關內侯。師古曰：「會於廷中而隨父，失朝廷以				

		爵之序，故削爵也。」					
黎頃侯召奴 師古曰：「召平之子也。召讀曰邵。」	以父齊相侯。	十年四月癸丑封，十一年薨。		後五年，侯瀆嗣，三十五年薨。	元朔五年，侯延嗣，十九年，元封六年，坐不出持馬，要斬。戶千八百。師古曰：「時發馬給軍，匿而不出也。」		
缾侯孫單 師古曰：「缾音步丁反。」	父卬以北地都尉匈奴入力戰死事，子侯。	十四年三月丁巳封，十二年，孝景前三年，					

		坐反，誅。					
弓高壯侯韓隤當	以匈奴相國降，侯。故韓王子。	十六年六月丙子封。		不得子嗣侯者年名。	元朔五年，侯則嗣，薨，亡後。		
					龍頟 元朔五年四月丁未，侯譊以都尉擊匈奴得王，侯，十二年，元鼎五年，坐酎金免。師古曰：「譊音女交反。」		

按道 元封元年五月己卯，愍侯說以橫海將軍擊東越，侯，十九年，爲衞太子所殺。		
延和三年，侯興嗣，四年，坐祝詛上，要斬。	後元元年，侯曾以與弟紹封龍頟，三十一年薨。	
齊	五鳳元年，思侯寶嗣，鴻嘉元年薨，亡後。	元封元年，節侯共以寶從父昆弟紹封。

				六世 侯敞弓嗣，王莽敗，絕。			
襄城哀侯韓嬰	以匈奴相國降，侯，二千戶。韓王信太子之子。	六月丙子封，七年薨。		後七年，侯釋之嗣，三十一年，元朔四年，坐詐疾不從，耐爲隸臣。			魏
故安節侯申屠嘉	孝文二年舉淮陽守，從高祖功，食邑五百戶，用丞相侯。	後三年四月丁巳封，七年薨。		孝景前三年，侯共嗣，二十二年薨。	〔清安〕元狩三年，侯臾更封，五年，元鼎元年，坐爲九江太守受故官送，		

右孝文十人。軑、鄔、周陽三人在外戚，管、氏（營）丘、營平、陽虛、楊丘、杬、安都、平昌、武成、白石、阜陵、安陽、陽周、東城十四人在王子，凡二十七人。 師古曰：「鄔音一戶反，又音於庶反。今書本有鄡字者，誤。」	免。

校勘記

五二八頁八行　隕命亡國，〔或〕（云）〔亡〕子孫。　錢大昭所見閩本、朱一新所見汪本都作「或亡子孫」。王先謙說閩、汪本是。

五二九頁一行　庸，〔賣〕功庸也；　朱一新說汪本有「賣」字是。按景祐、殿本都有。

五二九頁四行　虞、夏以（之）多羣后饗共己之治。　王念孫說「以」下「之」字涉上下文而衍，漢紀孝成紀無。

五三一頁一行　取其功尤高者（三）〔一〕人繼之，　景祐、殿本都作「一」。王先謙說作「一」是。

五三一頁四行　錢大昭、朱一新說閩、汪本無「云」字。　按景祐本亦無。

五三二頁三欄　五格「本治」，錢大昭說當作「本始」。按景祐、殿本都作「本始」。

五三三頁三欄　七格「元光三年」，景祐本作「二年」。朱一新說史記作「二年」是。下脫「婢」字，史表有。

五三五頁二欄　五格「二十四年」，景祐、殿本都作「二十二年」。六格「十二年」，景祐本作「二十二年」。

五三七頁三欄　三格，蘇輿說「六」字蓋「十八」二字之駮文。按景祐本正作「十八」。

五四〇頁二欄　四格，王先謙說「傳」是「得」之誤。按景祐、殿、局本都作「得」。

五四五頁二欄　五格「後二年」，朱一新說汪本「二」作「三」是。按景祐本作「三」。

五四五頁三欄　五格「後元元年」，朱一新說汪本作「後元年」是。按景祐本作「後元年」。

五四六頁三欄　六格「老」，景祐、殿、局本都作「孝」。

五五一頁二欄　三格，景祐、殿本都作「三十年」。

五五四頁一欄　五格，蘇輿說「三」當作「二」。按景祐本正作「二」。

五五五頁三欄　一格，景祐、殿本都作「如淳」。

五五六頁二欄　二格「一歲」，景祐本作「二歲」，史表同。「臨蕃」，王鳴盛說監本作「臨菑」，「蕃」字誤。按殿、局本都作「臨菑」。三格「四十八年」，景祐、殿本都作「三十八年」。

五五七頁二欄　二格，王先謙說「公」字衍。按史表作「以舍人從至霸上」。六格，王先謙說史表作「逯御史大夫湯」，張湯也，此誤。

五五八頁三欄　五格，朱一新說汪本「一」作「二」是。王先謙說「太」殿本作「大」是。按景祐本正作

「二」作「大」。

五六三頁一欄　五格，殿本有「家」字，此脫，景祐本亦脫。

五六六頁一欄　二格，王先謙說史表無「頃侯諸莊」四字，疑衍。

五六六頁二欄　五格原在六格，據景祐、殿、局本提上。

五七一頁一欄　二格，王先謙說「邑益」當作「益邑」。按殿本作「益邑」。

五七四頁三欄　六格，王先謙說史表「中三年」作「中二年」。按景祐本亦作「中二年」。

五七五頁二欄　二格，據史表校，「秋」當作「秩」。

五七七頁三欄　五格，王先謙說「侯」下奪「賀」字，史表「賀」字兩見。

五七八頁二欄　五格，朱一新說汪本「二」作「三」是。按殿本作「三」。

五七九頁一欄　六格，殿本「三」作「五」。齊召南說作「三」非。

五八〇頁三欄　二格，「稅」字據史表集解引補。

五八一頁二欄　六格「十二年」，景祐、殿本都作「十三年」，史表同。

五八七頁二欄　六格「三十年」，景祐、殿本都作「十二年」。

五八九頁五欄　六格「文侯」，景祐、殿本都作「孝文」，此誤。

五九二頁一欄　八格，蘇輿說「二十九」當作「三十九」。按景祐本正作「三十九」。

五九二頁二欄　五格，王念孫說「十二年」景祐本作「十三年」是。

五九三頁一欄　五格，「家」字據景祐、殿本補。

六〇七頁二欄　五格，王先謙說殿本「一」作「二」是。

六〇九頁三欄　二格，殿本「城」作「成」，王先謙說作「成」是。

六一三頁二欄　二格「拓」，景祐、殿本都作「柘」。

六一四頁三欄　二格，王先謙說「入」下脫「漢」字，史表有。

六一七頁一欄　四格「五十一」，錢大昭說當從史表作「五十二」。　按景祐、殿本正作「五十二」。

六一七頁二欄　一格，景祐、殿本都作「鹵嚴侯」。

六一八頁三欄　四格，錢大昭說閩本作「百二十」是。　按景祐、殿本都作「百二十」。

六二〇頁三欄　八格，朱一新說元鼎「四年」「二年」誤倒。　按局本不誤。

六二三頁二欄　一格，王先謙說史表「成」作「平」。　按景祐、殿本都作「平」。

六二六頁三欄　三格「二月」，景祐、殿本都作「三月」。

六三〇頁三欄　六格「清安」，據景祐、殿、局本補，史表有。

六三一頁二行　管、氏(營)丘、營平　錢大昕說王子侯表管一國，氏丘一國，營平一國，此「氏」下多「營」字。